Zwei Festreden Joseph Langs

Götz Uebe (Hrsg.)

Zwei Festreden Joseph Langs

Das erste ökonomische Matrix Tableau der Volkswirtschaftlichen Gesamtrechnung aus dem Jahr 1815

Springer-Verlag Berlin Heidelberg GmbH

Reihenherausgeber
Werner A. Müller

Bandherausgeber
Professor Dr. Götz Uebe
Universität der Bundeswehr Hamburg
Institut für Statistik und quantitative Ökonomik
Holstenhofweg 85
D-2000 Hamburg 70

Gedruckt mit Unterstützung der Gesellschaft der Freunde und Förderer der Universität der Bundeswehr Hamburg e. V.

CIP-Titelaufnahme der Deutschen Bibliothek

Lang, Joseph:
[Zwei Festreden]
Zwei Festreden Joseph Langs: das erste ökonomische Matrix Tableau der volkswirtschaftlichen Gesamtrechnung aus dem Jahr 1815 / Götz Uebe. - Heidelberg: Physica-Verl., 1990
(Wirtschaftswissenschaftliche Beiträge; 32)
ISBN 978-3-7908-0487-4 ISBN 978-3-662-13479-5 (eBook)
DOI 10.1007/978-3-662-13479-5
NE: Lang, Joseph: [Sammlung]; GT

Bindearbeiten: J. Schäffer GmbH u. Co. KG., Grünstadt
7120/7130-543210

Vorwort

In dieser Veröffentlichung werden zwei Festreden von Joseph Lang

Ueber das Studium der
juridischen und politischen Wissenschaften.

und

Was ist das Geld?

aus den Jahren 1810 und 1815 neu publiziert. Die Bedeutsamkeit dieser beiden akademischen Festreden geht auf die wichtige Rolle Langs in der Entwicklung der Volkswirtschaftlichen Gesamtrechnung zurück. Wie in der wirtschaftswissenschaftlichen Ideengeschichte mittlerweile bekannt und auch in der anschließenden einführenden Kommentierung noch ausführlicher rekapituliert wird, hat Lang das Quesnaysche System weiterentwickelt. Mit diesen Reden jedoch wird eine kleine, aber fast sensationell wichtige literarische Entdeckung dem deutschsprachigen Ökonomen vorgelegt. In Fortführung seiner in zwei bekannten Bücher niedergelegten Ideen entwickelt Lang insbesondere im Anhang zur zweiten Rede eine Flow of Funds Tabelle. Ein solches Matrix-Tableau ist in den Wirtschaftswissenschaften erst wieder 150 Jahre später aufgetaucht. Diese frühe Matrixdarstellung ist so ungewöhnlich, daß sie allein den Abdruck rechtfertigt. Daß außerdem beide Reden in bundesdeutschen Bibliotheken nicht mehr verfügbar zu sein scheinen, ist ein weiterer Grund dieses Neudrucks, mit dem nun für einen ideengeschichtlich wichtigen ökonomischen Denker praktisch das gesamte Werk wieder verfügbar gemacht ist.

Möglich wurde diese Buchveröffentlichung durch einen gemeinsam vom Deutschen Akademischen Austauschdienst (*DAAD*), Bonn, und dem Staatlichen Kommittee für Volksbildung, Moskau, finanzierten Studienaufenthalt in der UdSSR, der dankbar anerkannt wird. Außerdem unterstützte die *Gesellschaft der Freunde und Förderer der Universität der Bundeswehr Hamburg* den Druck dankenswerter Weise durch einen Druckkostenzuschuß. Ebenso ist Dr. W. Müller,Heidelberg, für seine bewährte verlegerische Unterstützung zu danken. Last not least geht der Dank an alle, die bei der Erstellung des Manuskripts geholfen haben, insbesondere in Moskau PD Dr.M.Pokidtschenko, und in Hamburg cand.rer.nat. Günter Köpp und Frau cand.rer.nat. Silke Voß.

Hamburg im März 1990 Götz Uebe

Inhaltsverzeichnis

I. Einführung

Wie in aller Breite in [41] and [43] erörtert wird, ist die übliche Vorstellung, daß in der Ideengeschichte des Tableau Economique, in der wirtschaftstheoretischen Entwicklung von Quesnay (1766) zu Marx-Engels (1878) eine zeitliche Lücke klafft, vollständig irreführend. Zwischen beiden setzte Joseph Lang an der Universität Charkov in der Ukraine die Arbeit am Tableau Economique fort and veröffentlichte zwei beachtliche Bücher über die Volkswirtschaftliche Gesamtrechnung im allgemeinen (dazu siehe [1]-[3]).

Mit der expliziten Auswertung eines Systems linearer, statischer Gleichungen - einem intellektuellen Erfolg, den vor ihm keiner vollbrachte, - analysiert Lang Quesnays wohlbekannte Drei-Sektoren-Wirtschaft. Zur beispielhaften Illustration betrachte man Abbildung 1 (Vergl. dazu etwa Kuczinski [19]-[20] oder Uebe[25])

Das Quesnay´sche Schema

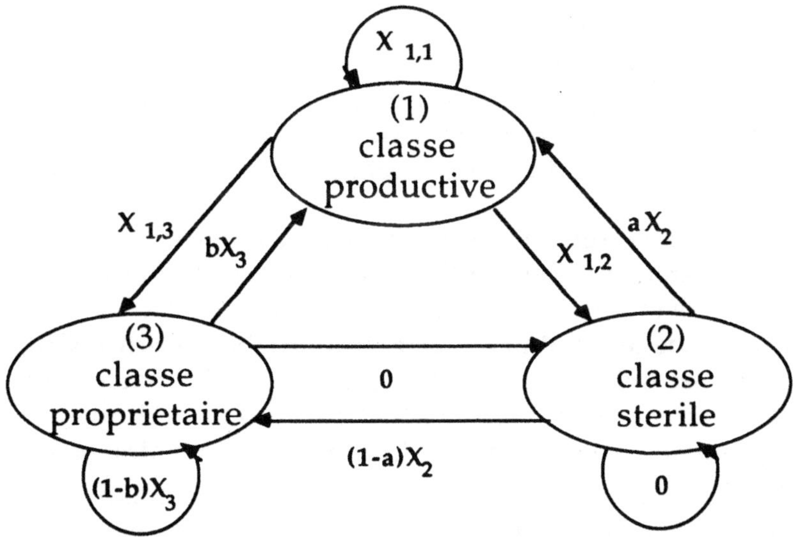

Abbildung 1

Ungefähr 50 Jahre nach Quesnay entwickelt Lang in seinen Büchern eine moderne Darstellung der ökonomischen Interdependenz (in der Bedeutung unseres 20. Jahrhunderts). Ein Schema dreier ökonomischer Sektoren wird formal durch ein einfaches System dreier linearer Gleichungen analysiert und numerisch ausgewertet. Eine solche

Darstellung findet sich in der wirtschaftswissenschaftlichen Literatur erst 150 Jahre später. Offensichtlich sind Langs Ideen eine Vertiefung und Klärung der Quesnayschen. Formal gehen sie weit über das hinaus, was sich in den original physiokratischen Schriften finden läßt. Merkwürdigerweise zitiert aber Lang Quesnay weder in [1] noch [2]-[3].

Da andererseits aber auch im 18ten und 19ten Jahrhundert Europa als **ein** Kulturraum zu sehen ist, muß man sich fragen, ob Lang Quesnays Werke nicht kannte, und/oder weshalb er es nicht für nötig befand, ihn zu zitieren, oder aber ob Langs Arbeit eine eigenständige intellektuelle Entwicklung darstellt.

Die Überlegungen dazu in [41] und [43] können in den folgenden drei Gesichtspunkten zusammengefaßt werden:

(1) Nach seiner Studienzeit an der Universität Freiburg im Breisgau sollte Lang eigentlich mit den Ideen der Physiokratie vertraut gewesen sein.

(2) Im Blick auf das allgemeine akademische Klima, die intellektuelle Atmosphäre an der Universität Charkow sowie im Blick auf die allgemeine Geistesgeschichte, den allgemeinen akademischen Hintergrund im damaligen Rußland ist ebenfalls sehr implausibel, daß Lang die physiokratischen Schriften nicht kannte.

(3) Andererseits waren die Jahre, in denen Lang in Freiburg bzw Charkow lebte, außerordentlich turbulent: in Freiburg die Jahre der Französischen Revolution, in Charkow die der Napoleonischen Kriege. Freiburg wurde unmittelbar berührt. Charkow lag zwar *seitlich* des Napoleonischen Einfalls nach Rußland, war jahrelang jedoch vom westlichen Europa und übrigen Rußland praktisch abgeschnitten. In der Isolierung der *Idylle einer tiefsten Provinz* (die z.B. in den Konversationslexika des 19ten Jahrhunderts so beschrieben wird, aber von den Betroffenen gar nicht so empfunden wurde) hätte es schon sein können, daß Lang zwar von Physiokratie nichts wußte, aber andererseits die Muße fand, ein Werk großer Originalität und gleichen Inhalts zu schreiben.

Perestroika erlaubte nun, die Frage der Urheberschaft an Ort und Stelle von Langs Wirken in Rußland zu untersuchen. Nach Besuch einiger Archive in Moskau und Charkov können die obigen Schlußfolgerungen wie folgt eingeengt werden:

(1)´-(2)´ Mit eigenhändigem Zitat in [6], einer Monographie, die in bundesdeutschen Bibliotheken nicht vorhanden zu sein scheint, klärt Lang seinen physiokratischen Bezug [1].

(3)´ In Fortführung seiner ohnehin beträchtlichen Weiterarbeit im Vergleich zu Quesnay, wie Lang sie durch die Einführung einer expliziten Analyse eines Systems linearer Gleichungen in seinen Büchern von **1808** und **1810-1811** vollbrachte ([1]-[3]), erweitert Lang seine Ideen noch weiter durch eine Darstellung, die heute, - d.h. seit den **1970**er Jahren - als **Flow of Funds Tabellen**, Transaktionstabellen (bzw. im Englischen als **social account matrices** (**SAMs**)) bezeichnet wird. In [6] findet man drei solcher Transaktionstabellen, und dies mehr als 150 Jahre vor ihrer formell akzeptierten begrifflichen Einführung. Lang bietet seine Überlegungen genau in diesem Gewand dar, nämlich einer Matrix-Darstellung für eine Vier-Sektoren-Wirtschaft.

Dies ist eine höchst bedeutsame literarische Entdeckung in der wirtschaftswissenschaftlichen Ideengeschichte.

II. Langs Transaktions-Matrix

Der wichtigste Teil dieser Theorie findet sich in den Tabellen der *Schlußanmerkung*, die sich wiederum als Anhang zu einer akademischen Festrede an der Universität Charkow aus dem Jahr 1814 findet, und 1815 in Charkow veröffentlicht wurde. Die Tabellen wiederum werden durch eine umfangreiche Erläuterung begleitet. Sie bezieht sich inhaltlich auf Langs beide zeitlich vorhergehende Bücher. Die Rede selbst, die der Schlußanmerkung vorausgeht, ist von eigenem Interesse, aber nicht von dieser überragenden Bedeutung, wie sie den Tabellen zukommt. So ist es sicher gerechtfertigt, sie dem Leser zum eigenen

[1] Das Original [6] befindet sich in der Alten Bibliothek der Russischen Föderation in Moskau, die eine Xerox-Kopie großzügiger Weise zur Verfügung stellte, und aus der mit den Programmen *Write-Now* und *Page-Maker* auf einem PC *Macintosh II* das Manuskript zu diesem Buch erstellt wurde. Eine zweite Kopie von [6] existiert in der Bibliothek der Gorki-Universität in Charkov.

Urteil zu überlassen, während das Hauptstück der Tabellen aus der *Schlußanmerkung* in den folgenden Darstellungen in seiner überragenden Bedeutung unterstrichen wird.

Alle drei Tabellen beziehen sich auf eine statische Vier-Sektoren-Wirtschaft. Im Unterschied zur Physiokratie (d.h. Lang kannte Quesnays Werk!; Lang erwähnt Quesnay explizit: S.76 Mitte des Originalmanuskripts) weist Lang zutreffenderweise auf folgende Unterschiede hin:

(a) die Abgrenzung und Bezeichnung der Sektoren wie bei Quesnay (z.B. die Vorstellung einer *sterilen* Klasse) ist willkürlich und wenig begründet, und insbesondere

(b) die Vernachlässigung der Bedeutung des Handels- und Dienstleistungssektors ist kaum zu rechtfertigen.

So führt Lang für sein Modell folgende vier Klassen ein:

(1) die *Urproducenten*, die Quesnays *classe productive* entsprechen,
(2) die *technische Klasse*, und
(3) die *commercielle Klasse*, die zusammen aus einer Disaggregation der Quesnayschen *classe sterile* hervorgehen, und
(4) die *politische Klasse*, die im wesentlichen der Quesnayschen *classe proprietaire* entspricht.

Das Hauptergebnis von Langs *Schlußanmerkung* ist
Tabelle III. Uebergang des Geldes.

Dies ist eine Transaktionstabelle par excellence. In der heutigen Terminologie ist Tabelle III eine Vier-Sektoren-Flow **o**f Funds-Tabelle (FOF) oder eine Social **A**ccount **M**atrix (**SAM**= **S**ocial **A**ccount **M**atrix im üblichen Fachjargon). Solch eine Tabelle findet sich in der ökonomischen Literatur sonst zum ersten Mal in den 1970er Jahren dieses Jahrhunderts.

Um die Klarheit von Langs Darstellung noch hervorzuheben, wird das Schema von Tabelle III durch ein Folge von drei Tabellen, einer allgemeinen Spezifikation (ganz links in der Abbildung), einer

Spezialisierung durch Null-Restriktionen (in der Mitte der Abbildung) und einer numerischen Spezifikation (ganz rechts in der Abbildung) erläutert. Lang kombiniert sie in seiner Tabelle III als Ganzer, und weist darauf hin, daß seine Exposition ein *Beispiel* ist, und dies insbesondere im Gegensatz zu den Zahlen, wie sie in den physiokratischen Tableaus auftauchen. Mit Recht weist Lang darauf hin, daß man die Zahlen Quesnays und ihre Aufteilung in seinen Tableaus nur als willkürlich ansehen kann (siehe zweite Hälfte Seite 76 des Originalmanuskripts).

Tabelle III: Uebergang des Geldes
(Die Zirkulation des Geldes)

M_{11}	M_{12}	M_{13}	M_{14}	$M_{1.}$
M_{21}	M_{22}	M_{23}	M_{24}	$M_{2.}$
M_{31}	M_{32}	M_{33}	M_{34}	$M_{3.}$
M_{41}	M_{42}	M_{43}	M_{41}	$M_{4.}$
$M_{.1}$	$M_{.2}$	$M_{.3}$	$M_{.4}$	$M_{..}$

⇒

	M_{12}	M_{13}	M_{14}	$M_{1.}$
M_{21}		M_{23}		$M_{2.}$
M_{31}	M_{32}			$M_{3.}$
M_{41}	M_{42}	M_{43}		$M_{4.}$
$M_{.1}$	$M_{.2}$	$M_{.3}$	$M_{.4}$	$M_{..}$

⇒

	14	66	66	146
25		56		81
113	56			169
8	11	47		66
146	81	169	66	462

Die tatsächliche Ableitung der Tabelle III wird im Text der *Schluß-anmerkung* vorgeführt. Der gedankliche Ansatzpunkt sind die Ströme physischer Güter zwischen den vier Sektoren, d.h.
Tabelle I. Uebergang der Producte von einer Klasse zur andern während einer Cirkulations-Periode.
Die ursprüngliche Tabelle I *ohne* den zugleich eingedruckten deutschen Zwischentext ist von folgender Struktur (Die Zahlen hinter der gestrichelten Linie sind jeweils die Zwischensummen, während die senkrecht und waagrecht durchgezogenen Linien die Sektoren abteilen, und die fetten Striche die Gesamtsummen spalten- und zeilenweise begrenzen):

Tabelle I: Der Uebergang der Producte
(Die Ströme physischer Güter)

	1		2		3		4		
1			A' B'	$A'+B'$	A'' B'' C	$A''+B''+C$	A'''	A'''	$A'+B'+A''+B''+C+A'''$
2	D'	D'			D''	D''	D'''	D'''	$D'+D''+D'''$
3	C F'	$C+F'$	E' B'' F''	$E'+B''+F''$			E'' F''	$E''+F'''$	$C+F'+E'+B''+F''+E''+F'''$
		$D'+C+F'$		$A'+B'+E'+B''+F''$		$A''+B''+C+D''$		$A'''+D'''+E''+F'''$	

Da die Ströme echt physische Güter bedeuten, wenn auch gemessen in einheitlicher Bezeichnung als Geldeinheiten (wobei die Güterströme sowohl *numerisch als auch symbolisch* aufgeführt werden, indem Lang parallel Zahlen *und* Buchstaben verwendet - eine Technik, die er schon in seinen beiden vorhergehenden Büchern benutzte!), kann so etwas wie *Ausstrom in einer Zeile = Einstrom in eine Spalte* notwendigerweise nicht zutreffen. Die politische Klasse produziert eben **nicht** physische Güter, und so gibt es keine Zeile (4) für die politische Klasse. Aber die politische Klasse verbraucht natürlich physische Güter. So gibt es eine vierte Spalte für sie.

Dazu kommen zusätzliche Beschränkungen aus der Rolle der kommerziellen Klasse als Güterumverteilungssektor(teils trivial, teils nicht trivial):

$A'' = E' + E''$	(eine nichttriviale Beschränkung zum Kauf und Verkauf von Lebensmitteln)
$B'' = B''$	(eine triviale Beschränkung, ein durchlaufender Posten von Materialien)
$C = C$	(eine triviale Beschränkung, ein durchlaufender Posten von Urproducten)
$D'' = F' + F'' + F'''$	(eine nichttriviale Beschränkung zum Kauf und Verkauf technischer Producte)

Ein Schema von Tabelle I, das dem zur Erklärung von Tabelle III entspricht, wird durch die folgende Dreiersequenz gegeben (Aus Gründen der Vereinfachung werden die Teilsummen in der Tabelle ausgelassen):

Tabelle I: Der Uebergang der Producte
(Die Ströme physischer Güter)

P_{11}	P_{12}	P_{13}	P_{14}	$P_{1.}$
P_{21}	P_{22}	P_{23}	P_{24}	$P_{2.}$
P_{31}	P_{32}	P_{33}	P_{34}	$P_{3.}$
P_{41}	P_{42}	P_{43}	P_{41}	$P_{4.}$
$P_{.1}$	$P_{.2}$	$P_{.3}$	$P_{.4}$	$P_{..}$

⇒

	P_{12}	P_{13}	P_{14}	$P_{1.}$
P_{21}		P_{23}		$P_{2.}$
P_{31}	P_{32}			$P_{3.}$
				$P_{4.}$
$P_{.1}$	$P_{.2}$	$P_{.3}$	$P_{.4}$	$P_{..}$

⇒

	25	113	8	146
14		98	11	123
66	98		47	211
80	123	211	66	480

Tabelle II. Vertheilung des transitorischen Capitals erlaubt selbstverständlich eine entsprechende Darstellung:

Tabelle II: Vertheilung des transitorischen Capitals

C_{11}	C_{12}	C_{13}	C_{14}	$C_{1.}$
C_{21}	C_{22}	C_{23}	C_{24}	$C_{2.}$
C_{31}	C_{32}	C_{33}	C_{34}	$C_{3.}$
C_{41}	C_{42}	C_{43}	C_{41}	$C_{4.}$
$C_{.1}$	$C_{.2}$	$C_{.3}$	$C_{.4}$	$C_{..}$

⇒

	C_{12}		C_{14}	$C_{1.}$
C_{21}			C_{24}	$C_{2.}$
C_{31}	C_{32}		C_{24}	$C_{3.}$
				$C_{4.}$
$C_{.1}$	$C_{.2}$	$C_{.3}$	$C_{.4}$	$C_{..}$

⇒

	10		8	18
14			11	25
66	63		47	176
80	73		66	219

Der Begriff des transitorischen Kapitals ist als solcher nur von historischem Interesse.

Tabelle III ergibt sich durch zwei zusätzliche Annahmen, wie sie Lang tatsächlich trifft, unmittelbar aus Tabelle I :

(i) Klasse (1) zahlt Steuern an Klasse (4), und durch diese Steuern (M_{14}) kann Klasse (4) seine Käufe (M_{41} + M_{42} + M_{43}) bezahlen.

(ii) Die Angebots- und Nachfragebeziehungen zwischen Klasse (2) und (3) werden nicht nur durch *Geld* finanziert (dies wird im wesentlichen durch Tabelle II gezeigt), sondern auch durch Vergabe und Aufnahme von Kredit und so werden hier (*willkürlich*) die Geldzahlungen in den sich kompensierenden Feldern (2,3) und (3,2) identisch gekürzt(z.B. die Kreditzahlungen 98-42=56). Die tatsächlichen Geldströme sind eben geringer als die in Geld bewerteten Güterströme.

Mit diesen Annahmen (i) und (ii) folgt Tabelle III aus Tabelle I. Die ebenfalls noch festzulegenden Terme (M_{42}, M_{43}) folgen aus der für eine Transaktionstabelle notwendigerweise bestehenden Identität, daß die Zeilensumme jeweils mit der zugehörigen Spaltensumme übereinstimmt.

III. Langs bisher fehlende Nachwirkung in der Wirtschaftswissenschaft

Zur fehlenden Nachwirkung von Langs Werk sei auf die Schlußfolgerungen in [41] und [43] verwiesen, die hier nochmals zusammenfassend aufgeführt werden. Der fehlende Durchbruch Langs geht auf drei Hauptgründe zurück. Es sind:

(1) die Entlegenheit Charkows, in dem Lang wirkte, und die chaotischen Zeiten der Napoleonischen Kriege, zu den die beiden Bücher erschienen und auch die beiden Reden gehalten wurden,

(2) Langs persönlicher Lebenslauf, insbesondere seine vorzeitige und auch für das damalige Rußland etwas ungewöhnliche Entlassung von der Universität sowie sein früher Tod,

(3 die fehlende unmittelbare Verbindung seiner Theorien zu empirischen Problemen.

Wie in [42] ausführlich diskutiert und sich durch weitere Belege leicht ergänzen läßt [2)], waren dies die entscheidenden Punkte. Insgesamt wirkten sie so, daß Langs Werk nicht die Beachtung fand, die ihm in heutiger Sicht m.E. zukommt.

---

2 Während einerseits über aus heutiger Sicht wissenschaftlich weitaus weniger bedeutsame Köpfe, wie z.B. für den St.Petersburger Gelehrten Storch, dessen Werk keinerlei sinnvolle Spuren in der wissenschaftlichen Gegenwart hinterlassen hat, durchaus noch ernsthaft geschrieben wird (vergl.z.B.[7],[35]), ist Lang selten mehr als durch einige Zeilen beachtet worden, und sie z.T. falsch oder verzerrt oder sonst wenig positiv (siehe z.B.[28] und
[38]: Rommel, der üblicherweise *sehr blumig und ausführlich* über alle seine Kollegen berichtete, *sehr kurz* über Langs Ehrgeiz: "*Zu diesen Deutschen gehörte noch Lang, der sich große Dinge von seiner Lösung politisch=socialer Fragen versprach* ."; oder Bagaley über die politischen Ideen, die in Charkow zu Langs Zeit zirkulierten: "*Lang sprach wie Robespierre*" (und das in 1813!); und die Gründe für Langs vorzeitige Beendigung seiner Universitätskarriere: "*Lang wurde entlassen, weil er ohne Erlaubnis verreiste*" (1819); hier läßt die *Heilige Alliance* grüßen oder der Anfang der allgemeinen Repression zu Beginn der 1820er Jahre in Rußland ?

Literatur

1. Bücher von Joseph Lang

[1] Joseph Lang, Adjunct der moralisch-politischen Section an der kaiserl. Universität zu Charkow,
Riga 1807 bey Carl Johann Gottfried Hartmann:
"Ueber den obersten Grundsatz der politischen Oeconomie".
Mit Bewilligung der kaiserl. Censur-Committée zu Dorpat.
Gedruckt bey Johann Friedrich Steffenhagen und Sohn.

[2] Joseph Lang, "Grundlinien der politischen Arithmetik",
Mit Bewilligung der Charkowschen Censur-Commitat.
gedruckt in der Universitäts-Buchdruckerey. Kursk,
im Verglage bey Carl Langner, Buchhändler der
kaiserl. naturforschenden Gesellschaft zu Moskwa. 1810
[Erster Druck, z.B. verfügbar in der Lenin-Bibliothek in Moskau]

[3] Joseph Lang, "Grundlinien der politischen Arithmetik",
Mit Bewilligung der Charkowschen Censur-Commitat.
gedruckt in der Universitäts-Buchdruckerey. Kursk,
im Verlage bey Carl Langner Buchhändler
der kaiserl. naturforschenden Gesellschaft zu Moskwa. 1811
[Zweiter Druck, z.B. verfügbar in der Bibliothek in Hannover]

[4] Joseph Lang, Ueber das Studium der juridischen und politischen Wissenschaften. Eine Rede, gehalten in der feyerlichen Versammlung der kaiserlichen Universität zu Charkow den 30.Junius 1810

[5] Joseph Lang, De principiis oeconomicae, [Langs verschollene Doktordissertation] Universität Charkov 1813

[6] Joseph Lang, Was ist das Geld? Eine national-oeconomische Abhandlung. Von Joseph Lang, Charkov, Universitätsbuchdruckerey 1815

2. Literatur: Quesnay und Physiokratie

[7] Anikin, A. W., Les Penseurs Russes, Les Idees economiques et Sociales de La Russie des XVIIIe et XIXe Siecles, Editions du Progres, Moscou, 1988

[8] Candela, G., Il modello economico di Francois Quesnay, Giornale degli economisti e annali die economie 34 N.S., 1975, 69-94

[9] Cartelier, Jean, Surproduit et Reproduction, La formation de l´economie politique classique, Presses Universitaires de Grenoble, Francois Maspro, 1976

[10] Deuker, W., Francois Quesnay - Der Arzt am Hofe Ludwig XV, WISU No. 5, 1985, 233-234

[11] Eltis, W.A., Francois Quesnay: A Reinterpretation, 1. The Tableau Economique, Oxford Economic Papers 27, 1975, 167-200

[12] Engels, F., Herrn Eugen Dührings Umwälzung der Wissenschaft ("Anti-Dühring"), Dietz Verlag Berlin (DDR), 1978 (Nachdruck der Edition von 1878), Vorwort S.9 über die Urheberschaft von Marx, und S 227-232, Kapitel 10, Marx über das Tableau von Quesnay

[13] Ephemerides du Citoyen, ou Bibliotheque Raisonnée des Sciences Morales etPolitiques, Paris 1767, Tome Onzieme, 134-164; 1767, Tome Onzième, Seconde Partie,137-182; 1768, Tome Troisième, 83-132; 1770, Tome Premier, 112-155 Explication du Tableau Economique, A Madame de*** par l´auteur des Ephemerides.

[14] Heissmann A., Die Prinzipien der Physiokratie und ihre Bedeutung in der Geschichte der Politischen Ökonomie, Kiev, 1849 (in Russisch)

[15] Helmstädter, E., Quesnays Multiplikatortableau als kreislaufanalytisches Instrument,in Scherf (Ed.), 1983, 37-54

[16] Kellner, Dr.G., Zur Geschichte des Physiokratismus. Quesnay.- Gournay.- Turgot., Göttingen, Druck und Verlag der Dieterichschen Buchhandlung, 1847

[17] Korte, B., Das Tableau economique von Francois Quesnay als statisches offenes Leontief System, Jahrbuch für Sozialwissenschaft 23, 1972, Nr. 2, 135-144

[18] Krelle, W., Volkswirtschaftliche Gesamtrechnung, Duncker & Humblot, Berlin, 1959

[19] Kuczynski, M., Tableau Economique par Francois Quesnay, 3. Ausgabe, 1759, Akademie Verlag, Berlin, 1965

[20] Kuczynski, M., Auf der Suche nach der - 3. Ausgabe - des Tableau Economique von Francois Quesnay, The Economic Review 17, No. 3, 1966, 223-226

[21] Peter, H., Zur Geschichte, Theorie und Anwendung der Kreislaufbetrachtung, Schweizerische Zeitschrift für Volkswirtschaft und Statistik 89, 1953, 1-24, 160-170

[22] Phillips, A., The Tableau Economique as a simple Leontief model, The Quarterly Journal of Economics 69, 1955, 137-144

[23] Rieter, H., Zur Rezeption der physiokratischen Kreislaufanalogie in der Wirtschaftswissenschaft, in Scherf (Ed.), 1983, 55-99

[24] Scherf, H., (Ed.), Studien zur Entwicklung der ökonomischen Theorie III, Duncker & Humblot, Berlin, 1983

[25] Uebe, G., Die dritte Ausgabe des Tableau Economique von Francois Quenay, wiederendeckt von M. Kuczynski, eine Darstellung auf dem Schnelldrucker sowie vier moderne Interpretationen, 1982, 3 Seiten Computer Printout, Universität der Bundeswehr Hamburg

[26] Vaggi, G., A Physiocratic Model of relative Prices and Income Distribution, Economic Journal 95, No. 380, 1985, 928-947

[27] Woog, H., The Tableau Economique of Francois Quesnay, An Essay in the Explanation of its Mechanism and a Critical Review of the Interpretation of Marx, Bilimovic and Oncken, A.Francke A.G. Verlag Bern, 1950

3. Literatur: Langs Nachwirkung in den Wirtschaftswissenschaften

[28] Bahalpj, D.Y., Opyt istopiy Char'kovskaho Unyversyteta (Po Neyzdannym Materialam). Yzdanie Ylljustryrovano Portretamy Vydajuscychsja Dyjatelej, Char'kov, Parovaja Typohrafija y Lytohrafija Zyl'berberg'(Rybnja Ulyca, Dom'No.30-j), 1893-1898.

[29] Clark Dickinson, Z., The Library and Works of Karl Heinrich Rau, Zeitschrift für die gesamten Staatswissenschaften 114, Nr. 4, 1958, 577-593

[30] Homberg, G., Die Vertreter der mathematischen Nationalökonomie im deutschsprachigen Raum vor Erscheinen des Cournotschen Werkes, Dissertation Universität Freiburg im Breisgau, 1971, S. 37-56

[31] Jacob, L.H.J., Ekonomiia Politiyczna, Zasady Ekonomii Naradow, Tom 1, Warszawa 1820 (eine polnische Übersetzung des deutschen Originals mit Zitat zu Lang)

[32] Jevons, William Stanley, Die Zukunft der Politischen Ökonomie, in: H.C. Recktenwald (Ed.), Ethik, Wirtschaft und Staat, Darmstadt, 1985, S. 65

[33] Jevons, William Stanley, The Theory of Political Economy, Second Edition, revised and enlarged, Macmillan and Co., London, 1879, p. 302

[34] Kühne, Otto, Ueber die mathematische Methode in der deutschen Theoretischen Nationalökomonie. Eine literarhistorisch- kritische Studie, Jahrbücher für Nationalökonomie und Statistik 123, 1925, S. 654-688, insbesondere S. 656

[35] Mohrmann, Heinz, Studien über Russisch-Deutsche Begegnungen in der Wirtschaftswissenschaft (1750-1825), Akademie-Verlag, Berlin (DDR)

[36] Rieser, Elke, Die Kreislaufbetrachtung bei F. Quesnay, J. Lang und K. Marx, Eine vergleichende Analyse, Diplomarbeit, Universität Freiburg im Breisgau, 1987

[37] Robertson, Ross M., Mathematical Economics before Cournot, Journal of Political Economy, 57, 1949, S. 523-536, insbesondere S. 529 und 534

[38] Chr. von Rommel,X. Erinnerungen aus meinem Leben und aus meiner Zeit,in Friedrich Bülau, Hrsg., Geheime Geschichten und räthselhafte Menschen, Sammlung verborgener oder vergessener Merkwürdigkeiten, 2.Auflage, 5.Band, Leipzig,F.A.Brockhaus, 1863, 421-600, insbesondere 530-531

[39] Theocharis, Reghinos D., Joseph Lang and Macroeconomics, Economica 25, 1958, 319-325

[40] Theocharis, Reghinos D., Early Developments in Mathematical Economics, MacMillan, London, 1961, 103-112

[41] Uebe, Götz, Joseph Lang aus Freiburg, Eine Kreislauftheorie von 1807 zwischen Quesnay und Marx (Joseph Lang from Freiburg, A Theory of the Circular Flow of Income - An Intermediation beween Quesnay and Marx in the Year 1807), Jahrbücher für Nationalökonomie und Statistik, 204, Nr. 1, 36-47

[42] Uebe, Götz (Hrsg.), Joseph Lang, Grundlinien der Politischen Arithmetik 1811, Verlag Peter Lang, Bern 1988 (Kommentierter Nachdruck des Originals)

[43] Uebe, Götz, The model of Lang, national income accounts in 1807, Computers & Mathematics with Applications, erscheint 1990

UEBER
DAS STUDIUM DER JURIDISCHEN
UND
POLITISCHEN WISSENSCHAFTEN;
EINE REDE

gehalten in der feyerlichen Versammlung der Kaiserlichen

Universität zu Charkow, den 30. Junius 1810.

VON

Joseph Lang.

Unter den Bedingungen, durch die das Glück der Nationen begründet, der Fortschritt zu einem höhern Wohlstande gesichert, und der Zweck der bürgerlichen Gesellschaft erreicht wird, ist eine der nothwendigsten und wichtigsten die Bildung junger Staatsbürger zu jenen Aemtern und Stellen, zu denen sie das Vaterland dereinst beruft, und der vollständige Unterricht in allen Wissenschaften und Kenntnissen, ohne welche sie die Pflichten ihres Amtes nicht erfüllen, den Willen des Herrschers nicht ausführen können. -- Es ist überflüssig, Ihnen, meine Herren ! die traurigen Folgen zu schildern, die daraus nothwendig entspringen, wenn den in den mannigfaltigen Zweigen der Staatsverwaltung angestellten öffentlichen Beamten die zur Erfüllung ihrer Berufspflichten nöthigen Kenntnisse mangeln; es ist überflüssig Ihnen zu zeigen, wie wenig der Wille des Gesetzgebers in seinem erhabenen Sinne befolgt und ausgeführt werden könne, wie den nothwendigsten und nützlichsten Einrichtungen sich Unwissenheit, und übel verstandenes Interesse entgegen setzen, und die wohlthätigsten Zwecke vereiteln, wie die Deutung und Auslegung der Gesetze und ihre Anwendung auf vorkommende Fälle zu einem regellosen Spiele eigennütziger Willkühr und persönlicher Herrschsucht ausarte, wie die geheiligten Formen der Gerechtigkeit misbraucht werden, wie wenig ohne Unterricht, ohne Kenntnisse auch der beste Wille, die strengste Rechtschaffenheit vermögen.

Rußlands erhabener BEHERRSCHER stiftete in dem ganzen Umfange seines grossen Reiches Lehranstalten; ER gab seinen Unterthanen jede Gelegenheit, ihren Geist zu bilden; ER öffnete Ihnen die den Wissenschaften geheiligten Tempel; ER berief Gelehrte aus fernen Landen, um den edlern Theil seines Volkes in das innerste Heiligthum der Wissenschaften zu führen. --- Aber dies genügte seinem grossen, und mit dem Glücke seiner Völker beschäftigten Geiste nicht; ER, der Vater des Vaterlandes, der seinem Volke eine frohere, schönere Zukunft bereiten will, DESSEN durchdringendem Geiste kein Mittel entgeht, Rußland's Wohl fester zu gründen, überzeugt, daß ein bestimmter Unterricht, eine bestimmte Bildung zur Erfüllung besonderer und höherer Pflichten erfordert werde, schrieb mit ächter Herrscherweisheit vor, in welchen Wissenschaften von nun an die Beamten des Staates unterrichtet werden sollen; ER machte eine tiefere und ausgebreitetere Kenntniß in diesen, den Staatsbeamten unentbehrlichen Wissenschaften zur ausschließlichen Bedingung höherer Stellen und persönlicher Beförderung.

Das Herz des wahren Patrioten durchströmt die innigste, lebhafteste Freude, wenn er die unabsehbahre Reihe wohlthätiger Folgen zu überschauen sich bemüht, die dieses Gesetz über sein Vaterland verbreiten wird, wenn er in die glückliche frohe Zukunft blickt, die ALEXANDER seinem Volke bereitet.

Ueber welchen würdigern Gegenstand könnte ich an diesem Orte, in dieser feyerlichen Versammlung sprechen, als über das Studium jener Wissenschaften, in denen von nun an die künftigen Staatsbeamten unterrichtet werden sollen? --- Die engen Gränzen einer öffentlichen Rede erlauben mir nicht diesen Gegenstand zu erschöpfen, und darum beschränke ich mich auf die *eigentlichen Rechts- und politischen Wissenschaften,* die das Hauptsächlichste und Wichtigste umfassen, was der künftige Staatsbeamte, um in dem ihm angewiesenen Geschäftskreise dem Willen des Monarchen, dem Staatszwecke gemäß wirken zu können, nothwendig wissen muß. --- Diese Wissenschaften sind: 1) das Naturrecht, oder die philosophische Rechtslehre, 2) die National-Oekonomie, 3) das vaterländische positive Recht, 4) die vaterländische Geschichte und Statistik, 5) das römische Recht. --

Mit absoluter Spontaneität entwirft der Mensch Begriffe möglicher Handlungsweisen, und handelt nach dem durch seine Phantasie entworfenen Begriffe. Aber er ist in Wechselwirkung mit andern Menschen; sie können die gehofften Wirkungen seiner Handlungen vereiteln, so wie er selbst ihre Zwecke stöhren und vereiteln kann. --- Jeder wünscht frey zu seyn; jeder verlangt nach seinen eignen Begriffen handeln, auf die Aussenwelt wirken, und seine Zwecke erreichen zu können, ohne von Andern gestöhrt und gehindert zu werden. Dieser Wunsch kann nicht erfüllt werden, wenn nicht die äußere Freyheit eines jeden so beschränkt wird, daß auch die Andern, mit denen er in Wechselwirkung steht, frey seyn können, wenn nicht jedemeine bestimmte Sphäre angewiesen wird, in deren Umfange er frey, ohne Hinderniß, ohne Stöhrung thätig seyn kann.

Mit der Auflösung des Problems, wie die äussere Freyheit Aller und jedes Einzelnen beschränkt werden müsse, damit Alle und jeder frey seyen, beschäftigt sich das *Naturrecht,* oder die *philosophische Rechtslehre;* als die ausschließliche Bedingung dieses Zustandes, wird die bürgerliche Gesellschaft oder der Staat erkannt, außer welchem alles Recht eine gehaltlose Chimäre, eine nie zu realisirende Forderung bleibt.

Der Staat selbst, seine Urform und seine Organisation sind keine willkührliche Erfindungen der Menschen. Eine nähere Betrachtung der menschlichen Natur und der Verhältnisses der Menschen zu der Aussenwelt überführt uns sehr bald, daß die gebietherische Nothwendigkeit sie zwinge, in größere Gesellschaften zusammen zu treten. Schon die älteste Geschichte zeigt uns in Staaten vereinigte, einer höhern Gewalt gehorchende Völker; kein historisches Monument reicht über den Ursprung der Staaten hinaus. Ueberall auf der untersten Stufe der Entwickelung, auf der wir einen Theil der Menschheit in unsern Tagen noch sehen, in

Afrika's heisser Zone und in Amerika's Wäldern, in den Steppen des mittleren Asiens und auf den Inseln der Südsee, kurz, überall, wo mehrere Familien in nähere Berührung kommen, finden wir auch den Keim eines Staates, die Anfänge einer Verfassung. Der philosophische Rechtslehrer gründet zwar die Entstehung des Staates auf einen Vertrag, den die Individuen, welche in eine bürgerliche Gesellschaft treten wollen, gegenseitig schliessen; er nimmt an, daß sie diesen Vertrag mit der deutlichsten Einsicht und dem vollkommensten Bewußtseyn des Zweckes eingehen, der durch ihre Verbindung erreicht werden soll. Aber er darf nicht vergessen, daß dieser Zweck selbst in einer andern Rücksicht ein Naturzweck ist, zu dessen Realisation die Natur die Menschen auch wider ihren Willen nöthigt, daß die vollkommne Kenntniß des Zweckes, der durch die bürgerliche Gesellschaft in einer unabsehbaren Zeitfolge erreicht werden soll, nur dann möglich ist, wenn er die vollständige Entfaltung des Keimes schon im Keime selbt erblickt, wenn er die Natur in ihrem Werden, und in ihrer successiven Evolution ergreift. -- -- Darum ist die Staatsrechtslehre der wichtigste Theil des Naturrechts; das Privatrecht kann nur aus dem Staatsrechte abgeleitet, und auf dasselbe gegründet werden; durch das Völker- und Weltbürgerrecht wird die Auflösung des durch diese Wissenschaft zu lösenden Problems vollendet, und so die Anwendung des Rechtsbegriffes auf alle mögliche Verhältniße der Menschen gezeigt. -

Der Mensch ist ein organisches Naturproduct, und als solches ewigen, unabänderlichen physischen Gesetzen unterworfen; seine Existenz ist an gewisse nothwendige Bedingungen gebunden; der Schauplatz seiner Thätigkeit, die Sphäre in der er seine Begriffe realisiren, seine Wünsche erreichen kann, ist der Planet, den er bewohnt, die Erde; wir kennen außer dem Menschen kein anderes freyes Wesen, auf welches der Rechtsbegriff anwendbar wäre. Die Natur des Menschen, und sein Verhältniß zur Aussenwelt sind die einzigen Bedingungen zur Anwendung und Realisation des Rechtsbegriffes. --- Das Naturrecht ist also keine blos formale Wissenschaft; es stellt uns nicht eine leere Form dar, sondern zugleich auch den Gehalt, der nie von der Form getrennt werden kann. Nach dieser einzig wah-Ansicht können die Schranken der Freyheit nicht durch die Willkühr der Menschen bestimmt werden; es hängt nicht von ihnen ab, auf welche Gegenstände sie den Rechtsbegriff anwenden, was sie als Recht anerkennen und festsetzen wollen. Im Systeme des Naturrechts ist nicht das Recht, worüber, und darum, weil die Menschen darüber übereinkommen; sondern nur das ist Recht, *was im Wechselverhältniße der Menschen zu einander aus der menschlichen Natur selbst, und ihrem Verhältniße zu der Aussenwelt nothwendig hervorgeht.*

Aus der menschlichen Natur entspringen physische, aesthetische und intellectuelle Bedürfniße, zu deren Befriedigung der Mensch durch seine Thätigkeit die Mittel schaffen muß; sein Wohlstand hängt von dem Grade der Befriedigung dieser Bedürfniße ab. Der Mensch, als Glied der bürgerlichen Gesellschaft kann auf die Befriedigung dieser aus der menschlichen Natur hervorgehenden Bedürfniße nicht Verzicht leisten; vielmehr hat er sich nur darum einer höhern Macht unterworfen, damit ihm eine Sphäre zugestanden werde, in der er durch seine Thätigkeit sich fortdauernd die Mittel zur Befriedigung seiner Bedürfniße verschaffen könne; er konnte nicht Verzicht leisten auf seine Perfektibilität als vernünftiges Wesen, die sich nur äußert durch die Erweiterung des Kreises seiner höhern Bedürfniße. --- Das Rechtsgesetz beschränkt nicht diese Bedürfniße selbst; es setzt ihrer Erweiterung keine Schranken; es bestimmt nur die Art, wie sie rechtsgemäß befriediget werden können; es verbietet daher, die Andern zu hindern, ebenfalls den Kreis ihrer Bedürfniße zu erweitern, und durch ihre Thätigkeit sich die Mittel zu ihrer Befriedigung zu verschaffen; es legt jedem die Verbindlichkeit auf, selbst thätig mitzuwirken, daß jeder Andere durch seine Thätigkeit sich diese Mittel verschaffen könne.

Wir kommen nun zu einer andern Wissenschaft, die mit der philosophischen Rechtslehre in der engsten Verbindung steht, und uns den Gegenstand, auf welchen der Rechtsbegriff angewendet werden soll, bestimmter, und in einem weitern Umfange kennen lehrt; sie ist die *National-Oekonomie.* Diese Wissenschaft betrachtet die auf einen bestimmten Zweck gerichtete Thätigkeit aller Glieder der bürgerlichen Gesellschaft, die Art und Weise, wie sie fortdauernd durch ihre Gesamtthätigkeit sich die Mittel zur

2

Befriedigung ihrer Bedürfniße verschaffen. Nur erst hier erkennen und begreifen wir den Staat als vollkommenen Organismus, als lebendes Ganzes, die Beziehungen und die Wechselwirkungen seiner Theile; die durch keine formale Rechtslehre zu begründende Abtheilung der Nation in verschiedene Klassen und Stände geht hier nothwendig aus der Natur des Menschen, seinen mannigfaltigen Bedürfnissen, und den unveränderlichen Gesetzen der physischen Natur hervor; das verworrene Spiel des menschlichen Treibens und Handelns, das uns sonst als ein regelloser Kampf einander widerstreitender Interessen erscheint, löst sich auf in Ordnung und Harmonie; wir entdecken auch hier ewige und unveränderliche Gesetze, und steigen hinauf bis zu jener Höhe, auf der zwar kein Privat-Interesse verschwindet, wo aber jeder Widerstreit zwischen ihm, und dem allgemeinen Interesse, dem Staatszwecke für immer aufgehoben wird; das trügerische Bild einer chimärischen Gleichheit, und eines unthätigen arkadischen Schäferlebens verschwindet, und an seine Stelle tritt der Begriff eines angemessenen, und immer weiter schreitenden National-Wohlstandes.

Die National-Oekonomie setzt als obersten Grundsatz fest: *jeder kann in der bürgerlichen Gesellschaft durch seine rechtsgemäße Thätigkeit sich alle Mittel zur Befriedigung seiner Bedürfniße verschaffen.* Sie untersucht, welches im Allgemeinen die Gegenstände seyen, die zur Befriedigung der Bedürfniße des gesellschaftlichen Menschen dienen, und gründet hierauf die Abtheilung der Nation in verschiedene

Stände; sie erforscht die nothwendigen Gesetze, welche die Wechselwirkung der Stände bestimmen, und das Gleichgewicht das zwischen ihnen statt findet. Aber hiemit ist ihr Geschäft noch nicht beendigt; sie hat noch das wichtige Problem zu lösen, wie eine Nation zu einer immer höhern Stufe des National-Wohlstandes fortschreiten könne.

Eine Nation befindet sich dann im Wohlstande, wenn alle Individuen, welche die bürgerliche Gesellschaft bilden, fortwährend sich die Mittel zur Befriedigung ihrer sich erweiternden Bedürfniße verschaffen können. Ein höherer Grad desselben ist nur möglich durch die weiterschreitende Entwicklung der menschlichen Natur, mithin durch die verhältnißmäßige Ausdehnung des Kreises der Bedürfniße Aller, und ihre ebenfalls verhältnißmäßig erhöhte Thätigkeit. Die Bedingungen, unter denen das Eine und das Andere geschehen kann, müssen zum Theile durch die positive Gesetzgebung, und durch mannigfaltige öffentliche Einrichtungen und Anstalten herbeygeführt werden. Hier weißet die National-Oekonomie dem Gesetzgeber eine eigenthümliche Sphäre an, die durch die Rechtslehre nur angezeigt, aber nicht näher bestimmt werden kommte; hier stralt die Majestät des Herrschers in ihrem schönsten Glanze; er erscheint als ein wohlthätiger Genius seines Volkes, der es zu einer höhern Stufe des Wohlstandes empor hebt, der Allen und jedem Einzelnen die Möglichkeit sichert, den Kreis ihrer Bedürfniße zu erweitern, und sich die Mittel zu ihrer Befriedigung zu verschaffen, der alles entfernt, was diesem wohlthätigen Zwecke entgegen steht.

*2

Das Naturrecht und die National-Oekonomie stellen die Idee des vollkommensten Rechtszustandes und des höchsten National-Wohlstandes auf. Der höchste Zweck des Staates ist die Realisation dieser Ideen. --- Aber jeder wirkliche Staat kann sich diesem erhabenen Ziele nur durch ein allmähliges Fortschreiten, durch successive Entwickelung nähern. Naturrecht und National-Oekonomie abstrahiren von den empyrischen Merkmalen, durch welche sich verschiedene Staaten von einander unterscheiden. Diese mannigfaltigen, nur aus der Geschichte und Statistik zu erkennende Verschiedenheiten, die größere oder geringere Bevölkerung des Landes , seine natürliche Fruchtbarkeit, das Klima, die geographische Lage, die Sitten und Gebräuche, der Grad der technischen und intellectuellen Ausbildung der Einwohner u. s. w. bestimmen für jede Nation die besondere Art des Fortschrittes zu einem vollkommnern Rechtszustande und höhern ökonomischen Wohlstande.

Diese Eigenthümlichkeiten eines Staates sind die näher bestimmten Bedingungen zur Realisation des Rechtsbegriffes und eines höhern Wohlstandes; sie sind das Gegebene, die Schranke, über die sich selbst der Gesetzgeber nicht hinweg setzen kann. Nur aus diesem Gegebenen und Vorhandenen kann sich der Edlere, Höhere und Bessere entwickeln. Die Zukunft ist durch die Gegenwart bedingt; nichts wird, von dem die Bedingungen des künftigen Seyns nicht schon in der Gegenwart liegen, dessen Keim nicht schon ist. Darum muß es ein Verbindungsmittel geben, zwischen dem

Gegenwärtigen und dem künftigen Bessern. Dieses Verbindungsmittel ist die *Politik.*

Die Politik soll bey diesen gegebenen Verhältnißen eines Staates die Maßregeln auffinden, durch deren Ausführung die Nation zu einer höhern Stufe des Wohlstandes empor gehoben, und ein vollkommnerer Rechtszustand herbey geführet wird. Sie ist also die Urtheilskraft des Herrschers und des Staatsmanns, der das Vorhandene, die gegenwärtige Lage des Staates unter eine allgemeine Regel subsumirt, und auf diese Art bestimmt, was geschehen kann und soll. In diesem Vernunftschlusse geben Naturrecht und National-Oekonomie den *Obersatz;* die Politik bildet bey vollständiger Kenntniß der individuellen Lage des Staates aus dem Gegebenen, aus Erfahrung und Geschichte Bekannten, den *Untersatz,* und das positive Gesetz, die auszuführende Maßregel, der erklärte Wille des Gesetzgebers ist der *Schlußsatz.* Wie überhaupt die Urtheilskraft durch kein Studium erworben, sondern nur geübt und geschärft werden kann: so kann auch Politik nicht gelehrt werden; sie hat nur ein einziges regulatives Princip, und dies ist das in der ganzen Natur, in der geistigen wie in der Körper-Welt allgemein geltende *Gesetz der Stetigkeit.*

Ich habe den Begriff der beyden Wissenschaften zu entwerfen versucht, die die Grundlage der ganzen Rechtsgelehrsamkeit, und aller übrigen politischen Kenntnisse sind; in diesen Wissenschaften wird der höchste Zweck des Staates vollständig, und in allen seinen Beziehungen dargestellt; sie enthalten die letzten Gründe aller positiven Gesetze und Einrichtungen im Staate; sie stellen das Ziel auf, dem sich Politik und positive Gesetzgebung unaufhörlich nähern sollen. --- Sie sehen daher, meine Herren! wie nothwendig, wie unentbehrlich der vollständige Unterricht und gründliche Kenntniß in diesen Wissenschaften für jeden sey, der sich einst dem Staatsdienste widmen will. --- Wie will der Richter den Sinn der positiven Gesetze verstehen, und sie in vorkommenden Fällen richtig anwenden, wenn er nicht ihren letzten und höchsten Zweck, ihre entfernte Quelle kennt? --- Welchen Rath soll der höhere Justitzbeamte ertheilen, von dem der Monarch Vorschläge zu Abänderungen mit dem Geiste der Zeit und der vorwärts schreitenden Kultur der Nation nicht mehr übereinstimmender Gesetze erwartet, wenn er mit der ewigen Norm des Rechts unbekannt ist, wenn ihm das Ideal nicht vorschwebt, dem sich die positive Gesetzgebung im unendlichen Fortschritte nähern soll, wenn er weder die Gründe eines Gesetzes noch seine Folgen und seinen Einfluß auf's Ganze überschauen kann. --- Wer darf es wagen, Abänderungen und neue Einrichtungen anzurathen, die sich auf die Landes-Agrikultur, Gewerbe und Handlung, auf Erhebung der Abgaben, kurz auf Gegenstände der National-Oekonomie, und die mit ihr in Verbindung stehenden Zweige der Administration beziehen, wenn er nicht in die Tiefen dieser Wissenschaften gedrungen ist, wenn er nicht weiß, wie die bürgerlichen Beschäftigungen wechselseitig in einander eingreifen, wenn ihm die Gesetze, nach denen sich ihr Gleichgewicht verändert, unbekannt sind, wenn er die Bedürfniße eines jeden Standes, und sein Verhältniß zu den übrigen, und die allgemeinen Bedingungen des Wachsthumes und der Abnahme des National-Vermögens nicht kennt? --- ---

Ich komme nun zu den positiven Wissenschaften, in denen der künftige Staatsbeamte unterrichtet werden soll; sie enthalten die bestimmte Vorschrift und die Norm, nach der er einst in seinem Geschäftskreis wirken, die Handlungen Anderer leiten, und über sie richten soll; sie lehren ihn den Gegenstand, auf den er wirken soll, in seiner Individualität, und in allen seinen Beziehungen kennen; sie zeigen ihm merkwürdige Beyspiele der Anwendung und Realisation des Rechtsbegriffes-

Das gegenwärtig geltende vaterländische positive Recht bestimmt alle rechtlichen Verhältniße der Unterthanen; es ist der erklärte Wille des Gesetzgebers, und die erste Richtschnur für alle Handlungen, für alle Verhältniße, bey denen eine rechtliche Beziehung statt findet. Es wäre überflüßig, länger bey diesem Gegenstande verweilen, und die Nothwendigkeit der tiefsten und ausgebreitetesten Kenntnisse in dieser Wissenschaft für jeden Staatsbeamten beweisen zu wollen.

Die vaterländische Geschichte entwirft das Gemälde der frühern Schicksale der Nation; sie erzählt die Thaten, Begebenheiten und Ereignisse in ihrem Zusammenhange, welche die Nation auf diese Stufe brachten, auf der wir sie finden; sie stellt uns die frühere Staatsverfassung und Gerichtsformen, und die allmähligen Veränderungen derselben, bis auf unsere Tage herab, dar; aus ihr lernen wir den herrschenden Geist des Volkes und seinen Charakter, die Ursachen sind Gründe sowohl alter als noch bestehnder Sitten, Gebräuche und Gewohnheiten kennen. --- Was die Geschichte für die Vergangenheit ist, das ist die Statistik für die Gegenwart, das treue Gemälde des wirklichen Zustandes der Nation; sie legt uns das untrügliche und vollständige Resultat der öffentlichen und Privat-Thätigkeit dar, die Stufe des ökonomischen Wohlstandes, auf dem die Nation steht; wir lernen durch sie die Kräfte des Volkes, und die Art, wie sie zum gemeinschaftlichen Zwecke wirken, kennen; sie unterrichtet uns über die Größe des Vermögens und Einkommens der Nation, und ihre Vertheilung und mannigfaltige Verwendung. --- Die Politik vergleicht das durch die Statistik entworfene Gemälde des gegenwärtigen Zustandes mit der durch die National-Oekonomie aufgestellten Idee des National-Wohlstandes; sie entdeckt auf diese Art die kranken Stellen des Staatskörpers, und die Mittel sie zu heilen; sie unterscheidet das, was itzt ausgeführt werden kann, von jenem, wozu die Bedingungen noch nicht gegeben sind, wozu die Nation noch nicht reif ist. --- ---

Unter den verschiedenen positiven Gesetzgebungen älterer und neuerer Zeiten verdient das *römische Recht* die größte Aufmerksamkeit des Rechtsgelehrten. So wie es durch die von Kaiser Justinian veranstaltete Redaktion auf uns gekommen ist, in Verbindung mit seinen übrigen historischen Quellen, erscheint es als das Resultat von tausendjährigen Spekulationen über alle Gegenstände des Rechts. Es enthält das System der Gesetze, das ein über den größten

Theil der damals bekannten Welt herrschendes Volk, das den vollständigen Zirkel aller Staatsformen und Revolutionen durchgieng, sich selbst und der halben unterjochten Welt vorschrieb. Man wird mit hoher Achtung gegen dieses Meisterstück gesetzgebender Klugheit erfüllt, wenn man in so vielen Titeln des römischen Rechts die vollkommenste Uebereinstimmung mit dem Naturrechte entdeckt, wenn man sieht, wie wenig in den gesetzlichen Bestimmungen wesentlicher Gegenstände die fortschreitende Kultur, und der philosophische Forschergeist neuerer Zeiten ändern konnte. Darf es uns wohl befremden, daß in den abendländischen, aus den Trümmern der römischen Herrschaft entstandenen Reichen, das römische Reht, das in so mancher Rücksicht den höhern Forderungen der Vernunft und einer consequenten Politik entspricht, zum Subsidiar-Rechte angenommen wurde, nachdem es wieder aufgefunden war? Der Scepter von Rom's Weltherrschaft war zerbrochen; aber die Sieger unterwarfen sich den Gesetzen der Ueberwundenen; in Ländern, in die nie Rom's Adler vordrang, sprechen Richter Recht nach römischen Gesetzen. Das römische Recht ist der Grundtext aller neuern Gesetzbücher des Occidents, der römische Prozeß die Grundform ihrer Gerichtsordnungen; die Prinzipien des römischen Rechts über Auslegung und Anwendung der Gesetze sind angenommen und sanctionirt von allen Gesetzgebern des Abendlandes.

Dies, meine Herrn! sind die vorzüglichsten Wissenschaften, in welchen nach dem Befehle unsers erhabenen KAISERS die künftigen Staatsbeamten unterrichtet werden sollen. Nur

3

Männer ausgerüstet mit diesen Kenntnissen, eingeweiht in die Mysterien höherer Wissenschaft, unterrichtet über den Zweck des Staates, und die Mittel ihn zu befördern, vorbereitet, das Recht in seiner ursprünglichen Reinheit zu erblicken, wie es aus dem Geiste des Gesetzgebers selbst hervorgeht, nur solche Männer können und sollen nach dem Willen des besten MONARCHEN über die heiligsten Interessen des Staates und der Unterthanen wachen, nur ihnen darf die Waage und das Schwerd der Gerechtigkeit anvertraut werden. --- So knüpft ALEXANDER mit neuen und festen Banden sein Volk an sein Vaterherz; so schützt Er das Leben, die Ehre und das Eigenthum Seiner Unterthanen vor den Gefahren, die aus Unwissenheit, willkührlicher Deutung der Gesetze und einseitiger Anwendung derselben entspringen können; so sichert Er selbst das Wohl kommender Geschlechter.

Und nun wende ich mich an Sie, edle rußische Jünglinge, die Sie sich dem Studium der juridischen und politischen Wissenschaften widmen. Ihre erste, heiligste Pflicht ist, das Sie mit gerührtem und dankbaren Herzen die große Wohlthat erkennen, die der MONARCH allen seinen Unterthanen, und insbesondere Ihnen erweißt. Machen Sie sich mit den ernsten, erhabenen Pflichten Ihres künftigen Standes bekannt, die Sie nur dann werden erfüllen können, wann Sie den tiefen und weit umfassenden Sinn der Wissenschaften, deren Studium Sie sich widmen, werden gefaßt und begriffen haben; glauben Sie nicht, daß eine seichte und oberflächliche Kenntniß hinreiche, den gerechten Ansprüchen Ihres Vaterlandes Genüge zu leisten. Sie sind berufen, dereinst die Vollzieher des Willens Ihres MONARCHEN, die Richter Ihrer Mitbürger zu seyn, das Wohl ihres Vaterlandes zu befördern. Stets schwebe Ihnen dies höhere Ziel vor, und Ihr fester Wille, es zu erreichen, belebe noch weit mehr Ihren Fleiß, als die Auszeichnungen, die Sie erwarten. --

O! möchte es Ihren Lehrern gelingen, indem Sie die Schätze der Wissenschaften vor Ihnen aufschließen, auch Ihr unverdorbenes Gefühl für Recht und Gerechtigkeit zu schäften, und ihm für immer den Sieg über die Verführungen einer eigennützigen und rechtsverdrehenden Sophistik zu sichern: dann würde der wohlthätige Wille unsers besten und weisesten KAISERS in seinem ganzen Umfange erfüllt.

W A S I S T D A S G E L D ?

E I N E

NATIONAL-OECONOMISCHE

ABHANDLUNG

VON

J O S E P H L A N G,

Hofrath, Doctor der Philosophie, ordentlichem Professor der politischen Wissenschaften an der Kaiserlichen Universität zu Charkow.

C H A R K O W,
In der Universitäts - Buchdruckerey.
1815

War jemals eine wichtige Periode in der Geschichte des Menschengeschlechts, so ist es gewiß die, an deren Schlusse wir stehen. Mit Schauder und Entsetzen überblicken wir die Begebenheiten der letztern Jahre; die höchsten Güter, die dem Leben des Menschen seinen einzigen Werth geben, schienen verloren zu seyn, und immer zweifelhafter wurde es, ob auch nur unsere Enkel die für uns verlornen Güter wieder erobern würden. Ein schlauer, kühner Tyrann stellte sich an die Spitze eines unruhigen, eiteln Volkes, dem äußerer Glanz und Schimmer von jeher für Alles, für das Höchste galt, das kurz vorher alle gesellschaftlichen Bande gewaltsam zerrissen, dem Heiligen und Ewigen im Angesichte der erstaunten Welt Hohn gesprochen hatte, das nur noch vom Durste nach willkührlicher Herrschaft über das ganze Menschengeschlecht, und von dem niedrigsten aller Triebe, der Begierde nach augenblicklichem sinnlichen Genuß geleitet wurde; schon hatte er beynahe alle Völker des europäischen Continents in Fesseln geschlagen; seine ungebundene Willkühr machte den Siegern und den Besiegten das Gesetz; deutlich sprach er es aus, daß er Alles, und das ganze Menschengeschlecht Nichts sey; er bewies durch seine Handlungen, daß die Menschen nur Mittel für seine Zwecke seyen, daß sie nur das seyn dürfen, was er ihnen zu seyn erlaube. Nur ein Volk stand noch unbesiegt, und gehorchte nur den Gesetzen seines Herrschers; der unersättliche Eroberer schleppte die überwundenen Völker nach Osten, um auch noch dieses letzte selbstständige Volk zu unterjochen. - Aber über Moskwa's Brandstätte schimmerte die Morgenröthe einer neuen, einer bessern Zeit; der Ewige sandte seinen Engel; er reichte der leidenden, niedergetretenen Menschheit die Hand; um seinen Panner sammelten sich Völker; von Sieg zu Sieg führte er sie, nicht Rache zu nehmen am verblendeten Volke der Franken, nicht Länder zu verheeren und zu un-

1

terjochen, sondern das höchste der Güter, den Frieden und die Selbstständigkeit der Nationen zu erobern; das stolze Paris, das in seinem Uebermuthe sich schon die Hauptstadt der Welt nannte, und schon die Tribute überzählte, die ihm Ruthenien, und vielleicht bald auch China zollen würden, neigte sich vor dem Gesalbten des Herrn, und den mit ihm verbundenen Fürsten, und empfieng sie als Sieger. - So endete der Riesenkampf, der Kampf, wie uns die Geschichte keinen nennt, und wie noch keiner um den nämlichen erhabenen Zweck gekämpft wurde; mit ehrfurchtsvollem Vertrauen erwarten jetzt die Völker der Acte, die jedem Volke seine Freyheit und Unabhängigkeit sichert, die von ihren Herrschern im schönsten Einverständniß entworfenen Grundgesetze des neuen europäischen Staaten-Bundes, die Magna Charta der gebildeten, und ihrem höhern Ziele entgegenstrebenden Menschheit. -

Mit beklommenem Herzen blicken wir in die Vergangenheit, mit schmerzlichem Gefühle überschlagen wir die Summe der Güter, die wir hingeben mußten, die wir verloren haben, und mit Bangigkeit denken wir an den noch größern Verlust, der uns bedrohte; aber unserm vorwärts gerichteten Blicke öffnet sich eine heitere, edlere Zukunft, und der Glaube, daß die werthesten, unschätzbaren Güter der Menschheit wieder gegeben, die Hoffnung, daß ihr Besitz uns und den kommenden Geschlechtern gesichert sey, erfüllt unsere Herzen mit einer nie gefühlten Wonne. - In diesem merkwürdigen Abschnitte der Zeit, der die Cräuel der Vergangenheit von einer bessern Zukunft trennt, die wir hoffnungsvoll erwarten, itzt, da wir das kaum errungene Gute nur unserm wieder erwachten Glauben an das Heilige und Ewige, dem wiederkehrenden Zutrauen des Menschen in den Menschen und in die Menschheit zu danken haben, itzt, da wir es anerkennen müssen, daß die Völker mehr seyen, als Aggregate durch äußere Gewalt zusammen gehaltener, immer aus einander strebender, durch Trug und List sich gegenseitig bekämpfender Individuen, itzt, da wir nicht mehr zweifeln dürfen, daß ein ewiges, heiliges Band die ganze Menschheit umschlinge, Geschlechter an Geschlechter, und Nationen an Nationen knüpfe, itzt, da unvergängliche Wahrheiten, die wir zu läugnen wagten, durch das vergossene Blut hingeopferter Millionen, und das gränzenlose Elend, das über die Lebenden herzog, dem keiner entrann, aufs neue so schrecklich bewiesen sind, itzt sind wir mehr als je aufgefordert, in uns selbst zurückzugehen, und das System unserer bisherigen Vorstellungen, das unserm Handeln und Wirken zur Grundlage diente, das uns bey der Wahl unserer Zwecke und der Mittel leitete, und dem zu Folge wir bestimmten, was unser Interesse sey, und was ihm entgegen stehe, aufmerksam durchzugehen, und es sorgfältig in allen seinen Theilen und Beziehungen zu prüfen. Denn wer wird läugnen, daß die letzte Ursache der Uebel, die wir erduldeten, in irrigen und falschen Vorstellungen liege, die wir uns von den wichtigsten Gegenständen, vom Verhältnisse des Menschen zum Menschen, und der Völker zu Völkern machten ? geht dies nicht deutlich genug aus den traurigen Begebenheiten hervor, deren Zeugen wir waren ? - Soll für uns und durch uns eine neue, glücklichere Zeit beginnen, sollen die Bande fester geschlungen werden, die jeden Einzelnen an den Fürsten und das Vaterland, und jedes Volk an die ganze Menschheit knüpfen, wie dürften wir noch den alten Irrthümern anhängen, und den Eingebungen einer eigennützigen und engherzigen Klugheit Gehör geben wollen ? Wofür haben wir gelitten ? warum haben wir so manchen Lebensgenüssen entsagen müssen ? für welchen Zweck sind Millionen unserer Brüder im Kampfe gefallen, sind Dörfer und Städte verbrannt, Länder verheert worden ? - Etwa nur darum, daß das alte Spiel ungezähmter Leidenschaften wieder beginne, daß uns eine kurze Ruhe zu Theil werde, um Kräfte zu sammeln zum neuen zwecklosen Kampfe, daß auch wir es durch unsere Handlungsweise bethätigen, das Menschengeschlecht sey ein verworfenes, unverbesserliches Geschlecht, und der Glaube an die göttliche Erziehung desselben, an sein Fortschreiten zum Bessern sey eine gehaltlose Chimäre, die wohl den gutmüthigen Schwärmer in seinen unschädlichen Träumereyen ergötzen, aber nie die Schritte der Herrscher, die Rathsschläge des Staatsmanns leiten dürfe?

Nein, dies können nicht die traurigen Resultate des beyspiellosen Kampfes und der herrlichsten Siege seyn, die je errungen wurden; unser innerstes Gefühl empört sich, wenn wir nur an die Möglichkeit denken, daß die kaum vorüber gegangenen Gräuel je wieder zurück kehren könnten. Wir haben den Willen, das errungene Gute fest zu halten, und fortzuwandeln auf der Bahn, die uns zum Bessern führt. Aber können wir das Gute fest halten, wird uns das Bessere gegeben, ohne unsere Mitwirkung ? Kann es hervorgehen aus der noch in uns selbst wohnenden Wurzel der Uebel, denen wir kaum entronnen sind ? Führen Irrthum und einseitige Ansichten zum Bessern ? So ist also die

*2

erste Bedingung, durch die eine edlere, der Menschheit würdigere Zeit wird, daß wir die Vorstellungen berichtigen, die künftig unsere Handlungsweise bestimmen sollen, daß wir unsern alten Vorurtheilen und Irrthümern entsagen. Nur die erkannte Wahrheit, die wir uns als unveränderliche Regel für unser Handeln vorschreiben, führt uns dem erwünschten Ziele näher; nur sie bringt Uebereinstimmung in die widerstrebenden Interessen, indem sie dieselben einem höhern, dem allgemeinen Interesse, dem letzten erhabenen Zwecke der Menschheit unterordnet. -

Unter den Vorstellungen, die nicht nur die Handelsweise Einzelner in ihren gegenseitigen Verhältnissen, sondern noch weit mehr das Verhalten der Regierungen gegen ihre Unterthanen, und der Staaten gegen einander bestimmen, ist keine von ausgebreiteterem und durchgreifenderem Einflusse, als die Vorstellung, die man sich vom Gelde macht, und keine deren Richtigkeit weniger in Zweifel gezogen wird. Vom Regenten und Staatsminister bis zum letzten Lohnarbeiter herrscht die nämliche Grundvorstellung vom Gelde, und es giebt wohl keinen Gegenstand, über den man, wenn auch nicht theoretisch, doch gewiß, sobald es auf das Handeln ankömmt, so vollkommen einig wäre, wie darüber, was das Geld sey. Diese scheinbare Uebereinstimmung darf nicht als Beweis gelten, daß die Vorstellung, die man sich vom Gelde macht, in jeder Rücksicht wahr, und für alle menschlichen Verhältnisse gültig sey; aber der politische Oeconom ist aufgefordert, dem Grunde dieser Uebereinstimmung nachzuforschen, und dies kann er nicht, wenn er sich nicht über die gewöhnliche, gemeine Vorstellung erhebt, wenn er nicht voraussetzt, das Geld sey etwas Anderes, als wofür es der gemeinen Ansicht nach genommen wird, und das, was in der gewöhnlichen Vorstellung untergeht, sey der höhere, der eigentliche, wahre Character des Geldes. Wenn zugegeben wird, daß der Einzelne in seinen Verhältnissen, daß der Landbauer, der Handwerker, der Künstler, der Kaufmann, der Kapitalist, der Grundherr sich diese bestimmte Vorstellung vom Gelde machen, und keine andere haben können, daß sie sich nothwendig nach ihr in allen ihren Verhältnissen richten: so entsteht noch die wichtige Frage, ob auch die Regierung bey ihren Operationen nur diese gemeine Vorstellung vom Gelde zu Grunde legen, oder ob sie von einer andern Ansicht dieses Gegenstandes ausgehen müsse ? ob für den Staat, der alle diese Privatverhältnisse berührt und durchdringt, in dem sie sich gestalten, der sie alle umfaßt und unter sich begreift, das Geld dasselbe sey, wofür es in diesen vereinzelten Beziehungen genommen wird ? - Es läßt sich zum Voraus vermuthen, daß das Geld vom Gesichstpuncte des Staates aus etwas Anderes sey und seyn müsse, als in den einseitigen bürgerlichen Verhältnissen, und wenn dies dargethan werden kann, so ist auch die Quelle manches schädlichen Irrthums, das Fehlerhafte mancher gesetzlichen Maßregel gezeigt, die weit entfernt, den Wohlstand der Nationen fester zu gründen und zu befördern, diesem erhabenen Zwecke geradezu entgegen wirkt.

Nie war eine genaue, kritische Sonderung dessen, was das Geld in Beziehung auf den ganzen Staat ist, und für die Regierung seyn soll, von dem worür es in den Privatverhältnissen der Unterthanen gilt, dringender und nöthiger, als gerade itzt. Auf dem ganzen europäischen Continent ist kein Staat, dessen innere öconomischen Verhältnisse durch den langwierigen Kampf gegen die gallische Oberherrschaft nicht zerrüttet wären; überall übersteigen die öffentlichen Ausgaben die Einnahme des Staates; überall sind die Abgaben auf den höchsten Punct gesteigert, und es scheint nicht, daß durch die Erhöhung derselben die Regierungen etwas gewinnen, und mehrere Mittel zur Erreichung des Staatszweckes sich verschaffen können; fast jeden Staat drückt eine ungeheure Schuldenlast, und noch sind die Mittel nicht angegeben, sich auf rechtlichem Wege, mit möglichster Schonung des Privatvermögens, und ohne Verminderung des National-Vermögens, und der productiven Kraft der Nation von dieser Bürde zu befreyen; beynahe ügerall circuliert ein an seinem Nominalwerthe immer mehr und mehr verlierendes Papiergeld, und die Hoffnung scheint aufgegeben zu seyn, es dem Metallgelde wieder gleich stellen zu können. Wie sollen diese zerrütteten Verhältnisse wieder geordnet werden, wie Uebereinstimmung und Harmonie in alle Theile des Staatskörpers, in alle Zweige der öffentlichen Verwaltung wiederkehren ? Dies kann auch der beste Wille nicht, wenn er nicht von höhern Ideen belebt und geleitet wird. Will man nach den bisherigen, aus einzelnen Thatsachen, und einer Erfahrung, die man nicht begriffen hat, hergenommenen Ansichten verfahren, so verwickelt man sich in endlose Widersprüche; jedem Guten, das man bewirken will, steht ein von ihm untrennbares Uebel zur Seite, das vermieden werden soll. Bedarf es noch eines andern Beweises, wie einseitig, wie wenig unter sich übereinstimmend die gewöhnlichen Vorstellungen von den rechtlichen und öconomischen Verhältnisse im Staate seyen? - Die gesetzlichen Maßregeln, die zu ergreifen sind, um die öconomischen Verhältnisse im Staate zu ordnen, müssen sich nothwendig auf den Begriff, den man sich vom Gelde macht, stützen, und nach ihm modificirt werden. Wenn aber der gewöhnliche Begriff nur in einer niedern Sphäre gilt, und in der höhern, in der Sphäre der Regierung seine Bedeutung verliert; wenn der Regent, der Staatsmann sich über die gewöhnliche, nur für untergeordnete und Privat-Verhältnisse geltende Vorstellung erheben, und die gesetzlichen Anordnungen, um in sie Einheit und Harmonie zu bringen, noch einer höhern, umfassenden Ansicht entwerfen sollen: so muß der gewöhnliche Begriff vom Gelde genau untersucht, die Gränzen seiner Gültigkeit angegeben, und dann die Idee aufgestellt werden, von der jener Begriff abstammt. Wir haben also zwey Fragen zu untersuchen, und zu beantworden, nämlich:

I. *Was ist das Geld in dem untergeordneten Verhältnissen der Bürger;*

II. *Was ist das Geld in Beziehung auf den ganzen Staat; was ist es für den Regenten und den Staatsmann?*

I.

In den Verhältnissen der Bürger gegen einander, und auch dann, wenn der Einzelne als Gläubiger oder als Schuldner des Staates erscheint, ist das Geld

1.) Bloßes, allgemeines Tauschmittel.
2.) Bestandtheil des Vermögens des Geldbesitzers.
3.) Allgemeiner Maßstab des Größenwerthes aller im Privatvermögen begriffenen Gegenstände.

Tauschmittel ist Etwas alsdann, wenn der Eine dafür und darum, daß er es weggiebt, von dem Andern etwas Anderes empfängt, das zur Befriedigung seiner Bedürfnisse, zur Erreichung seiner Zwecke dient; beyde Objecte, die gegen einander ausgetauscht werden, sind Tauschmittel, indem das Object, das Jeder vor dem Tausche besitzt, für ihn das Mittel ist, das Object, das er verlangt, vom Andern zu erhalten; sie sind es aber nur darum, und in so ferne, als für Jeden das Object des Andern ein Mittel für seine Zwecke ist, die er nur erreichen kann, wenn er es vom Andern erhält. Das Object *A* ist also für den Besitzer nicht Tauschmittel, weil er es unmittelbar für seine Bedürfnisse verwenden, sondern weil er es weggeben, und dagegen das seinen Bedürfnissen und Zwecken entsprechende Object *B* erhalten will und kann. Aber das Object *A* könnte für seinen Besitzer nicht Tauschmittel seyn, wenn der Andere damit nicht seine Bedürfnisse befriedigen, seine Zwecke erreichen könnte, wenn ihm dieser Andere nicht *qualitativen Werth* beylegte. Somit gründet sich die Eigenschaft eines Objects, daß es seinem Besitzer als Tauschmittel diene, auf den qualitativen Werth, den ihm ein Anderer beylegt, der es verlangt. - Das Geld ist Tauschmittel, aber es ist von jedem andern Gegenstande darin verschieden, daß es nie *unmittelbar* zur Befriedigung irgend eines Bedürfnisses, zur Erreichung eines Zweckes gebraucht und verwendet wird; in dieser Hinsicht, und um es auf diese Art zu gebrauchen, verlangt Niemand Geld. Wenn ein Object, dessen man sich als Geld bedient, darum begehrt und gesucht wird, um es unmittelbar zur Befriedigung eines Bedürfnisses zu verwenden: so wird es nicht als Geld, sondern als *Waare* verlangt und gesucht, es hört auf Tauschmittel, mithin Geld zu seyn; denn Jener, der dieses Object aus dem angeführten Grunde verlangt, verzehrt es, und dann ist es nicht mehr vorhanden, oder er muß es, um es zum vorgesetzten Zwecke zu gebrauchen, bey sich, und in seiner Gewalt behalten, und dann kann er sich seiner nicht mehr als Tauschmittel bedienen; der Gebrauch, den er jetzt vom ihm macht, schließt seinen Gebrauch als Tauschmittel aus, und umgekehrt. Keiner, der Geld besitzt, denkt je daran, einen andern Gebrauch davon zu machen, als es wieder wegzugeben, und sich dafür Gegenstände zu verschaffen, die zur Befriedigung seiner Bedürfnisse, zur Erreichung seiner Zwecke dienen; Jeder, der Geld empfängt, nimmt es von dem Andern nur in der Absicht, um es wieder an einen Dritten ausgeben zu können. So bleibt also ein Object, das Geld ist, in einer unabsehbaren Reyhe von auf einander folgenden Empfängern immer nur Tauschmittel; und wenn ihm als Stoff noch irgend ein qualitativer Werth zukommt, so geht er in ihm als Gelde unter, und kömmt er je zum Vorschein, so hört das Object auf, Geld zu seyn. So ist selbst aus der gemeinen, nur für Privatverhältnisse geltenden Vorstellung des Geldes jede Rücksicht auf eine unmittelbare Nützlichkeit, auf einen qualitativen Werth verbannt, und das Geld steht als reiner quantitativer Werth, als bloßes Tauschmittel da.

Das Geld ist nicht nur Tauschmittel für gewisse Personen, die darüber überein gekommen sind; es ist Tauschmittel für alle Bürger eines Staates, bey allen Völkern, bey denen auch nur der niederste Grad gesellschaftlicher Bildung anzutreffen ist. Was höthigt eine Menge einzelner Menschen, bey denen hierüber keine Verabredung vorauszusetzen ist, Etwas als allgemeines, für sie alle gültiges Tauschmittel anzuerkennen, und es nur als solches zu behandeln, seinen qualitativen Werth, wenn es einen hat, gänzlich untergehen zu lassen, und sich seiner immer nur als Tauschmittel zu bedienen ? Der Grund dieser allgemeinen Anerkennung entgeht dem Einzelnen in seinen beschränkten Verhältnissen; er weiß, daß er für das Geld, das er besitzt, im ganzen Umfange des Staatsgebiethes Gegenstände erhalten kann, die zur Befriedigung seiner Bedürfnisse, zur Erreichung seiner Zwecke dienen; er weiß vielleicht, daß es eine Art Geldes giebt, für die er überall auf der ganzen Erde, wo auch nur der erste Keim einer staatsgesellschaftlichen Verbindung anzutreffen ist, die an Ort und Stelle vorhandenen zur Erhaltung des Lebens, und zum Lebensgenusse dienenden materiellen Güter sich verschaffen kann. So ist also das Geld, auch der gemeinen Vorstellung nach, allgemeines Tauschmittel.

Das Geld ist ein Theil des Vermögens desjenigen, dessen Eigenthum es ist. Vermögen überhaupt ist der Inbegrif aller zur Erreichung menschlichen Zwecke dienender Gegenstände, die eine Person besitzt, und die von ihr getrennt werden können. Kenntnisse, geistige und körperliche Fähigkeiten, Productiv-Kraft, obschon sie zur Erreichung menschlicher Zwecke dienen, sind in öconomischem Sinne kein Vermögen, denn sie können nicht von der Person getrennt werden, sie sind nur in und mit ihr vorhanden. (1) Die meisten Bestandtheile des Vermögens eines Privatmannes sind Mittel zur Befriedigung bestimmter Bedürfnisse, zur Erreichung bestimmter Zwecke, und darum, weil sie vom gegenwärtigen Eigenthümer sowohl, als von Andern für diese Bedürfnisse, für diese Zwecke verwendet werden können, sind die Bestandtheile des

Vermögens. - Das Geld ist kein Gegenstand, der an und für sich zur Befriedigung eines bestimmten Bedürfnisses, zur Erreichung eines bestimmten Zweckes dient; es ist unmittelbar zu nichts nütze, es hat keinen qualitativen Werth; es ist für den Besitzer etwas bloß Bestimmbares, und es erhält seine eigentliche Bestimmung erst in dem Augenblicke, in dem er darüber disponiert, und es ausgiebt. Für sein Geld empfängt der bisherige Besitzer Gegenstände, die er nun für bestimmte Bedürfnisse und Zwecke verwenden kann; sie werden Bestandtheile seines Vermögens. Da der Eigenthümer des Geldes für dasselbe, indem er es weggiebt, von einem Andern Gegenstände empfängt, denen qualitativer Werth zukömmt; da diese Gegenstände nun offenbar in das Vermögen desjenigen übergegangen sind, der sie sich für sein Geld verschaffte; da sie früher im Vermögen des Verkäufers waren, und nun an ihre Stelle das empfangene Geld getreten ist: so war das ausgegebene Geld früher ein Bestandtheil des Vermögens des Käufers, so wie es nach seinem Uebergange ein Bestandtheil des Vermögens des Verkäufers wurde; denn wäre dieses nicht, so hätte der Käufer einen Theil des Vermögens des Verkäufers erhalten, ohne dagegen Etwas von seinem Vermögen abzutreten. Wenn man den Inbegriff der Gegenstände, die zur Befriedigung bestimmter Bedürfnisse, zur Erreichung bestimmter Zwecke dienen, denen somit qualitativer Werth zukömmt, das *reale Vermögen* nennt: so bezeichnet das Geld eine leere Stelle im realen Vermögen des Geldbesitzers, die durch Gegenstände, welche sich im realen Vermögen Anderer befinden, auszufüllen ist. Das Geld ist also immer ein *ideeller* Bestandtheil des Vermögens desjenigen, dessen Eigenthum es gegenwärtig ist; (2) es ist dies, nicht deswegen, weil es unmittelbar für bestimmte Bedürfnisse und Zwecke verwendet werden kann, sondern darum, weil in ihm die nächste Möglichkeit gegeben ist, sich dafür nach Belieben diese oder jene realen Gegenstände zu verschaffen. Der Umstand, daß das Geld *mittelbar* für jeden beliebigen Zweck verwendet werden kann, daß die Willkühr des Geldbesitzers in der Wahl der Zwecke und Gegenstände nur durch die Quantität des Geldes beschränkt ist, daß es ihm frey steht, unter allen vorhandenen und verkäuflichen Gegenständen zu wählen, dieser Umstand giebt dem Gelde den Vorzug vor allen übrigen Gütern, und er ist der Grund, warum in der Privat-Oeconomie, und in seinen Privat-Verhältnissen ein Jeder strebt, Geld, und immer mehr Geld zu erwerben. Der Besitz eines andern Gegen-

2

standes *beschränkt* die Freyheit des Besitzers; denn er kann nur für Bedürfnisse und Zwecke verwendet werden, die bereits durch seine Natur, und seine Eigenschaften bestimmt sind; außer dieser Beziehung hat er keinen Werth, und gewährt keinen Nutzen, keinen Genuß. Der Besitz des Geldes hingegen *erweitert* die Freyheit, indem der Geldbesitzer unter allen möglichen erlaubten Zwecken, unter allen verkäuflichen Gegenständen wählen kann. Darum ist der Zweck der Privat-Oeconomie erreicht, wenn der Privatmann Geld erworben hat, und dieser Zweck wird um so vollkommner erreicht, je mehr er sich Geld erwirbt, und je weniger er in der freyen Disposition seines erworbenen Geldes beschränkt wird.

Das Geld geht von Zeit zu Zeit aus dem Vermögen des Einen in das Vermögen des Andern über; in den untergeordneten bürgerlichen Verhältnissen empfängt *in der Regel* Keiner mehr Geld, als die Andern an ihn ausgeben; Keiner, der Geld ausgiebt, hat es geschaffen; er hat es immer nur wieder von Andern erhalten. So erscheint das Geld in den bürgerlichen Verhältnissen als etwas *Gegebenes, Vorhandenes;* die Quelle, aus der es herfließt, ist hier nicht sichtbar, oder es scheint wenigstens überflüßig, bis zu ihr zurück zu gehen. So viel sieht man jedoch auch auf dem Standpuncte des Bürgers ein, daß kein Einzelner die Macht besitzen dürfe, Geld zu schaffen; denn es ließe sich kein vernünftiger Grund angeben, warum gerade nur Dieser dieses Vorrecht haben, warum die Andern desselben beraubt seyn sollen. Käme aber dieses Recht Allen zu, so wäre es Keinem mehr nützlich; der Vortheil, den jeder Einzelne davon für sich erwartet, würde verschwinden; denn unmöglich kann das, was ein Product eines bloßen Willensacts des Andern wäre, und was ich durch einen ähnlichen Willensact hervorzubringen vermöchte, für mich einigen Werth haben, und Etwas seyn, was ich von dem Andern an mich zu bringen verlangen könnte; das Geld wäre unter dieser Voraussetzung ein Unding, etwas Undenkbares. Somit ist ursprünglich bey keinem Privatmanne Geld vorbanden; es geht in der Regel nur in Folge der Abtretung einer realen Vermögensportion, oder vermöge eines Rechtstitels, der für den Geldempfänger eine Forderung constituirt, von dem Einen an den Andern über; darum hat der Geldbesitzer die Vermuthung für sich, daß das Geld auf eine rechtliche Art, für eine abgetretene reale Vermögensportion, oder in Folge einer rechtlich anzuerkennenden Forderung an ihn gekommen sey.

Da das Geld als bloßes Tauschmittel angesehen wird, es also in dieser Hinsicht kein Gegenstand ist, der für bestimmte Bedürfnisse und Zwecke unmittelbar gebraucht und verwendet werden kann: so verschwindet in ihm der Begriff des qualitativen Werthes, die bestimmte Nützlichkeit, die Beziehung auf bestimmte Bedürfnisse und Zwecke, und an seine Stelle tritt der Begriff des *Größenwerthes*, eine unbestimmte, aber auf die mannigfaltigste Art bestimmbare Nützlichkeit, eine allgemeine Beziehung auf alle Bedürfnisse und Zwecke. Wenn von allem Qualitativen und Besondern abstrahirt, und nur auf das Allgemeine gesehen wird, so können wir uns letzteres nur als Quantität vorstellen, in der wir bloß gleichartige Theile unterscheiden; die Größe gleichartiger Quantitäten wird dadurch erkannt, daß man angiebt, wie oft ein als Einheit gesetztes Quantum in jeder derselben enthalten sey. Das Geld ist also vom Gelde nur der Quantität noch verschieden; die Größe einer Summe Geldes wird dadurch bestimmt, daß man angiebt, wie oft eine gesetzte Geld-Einheit in ihr enthalten sey. Die Geld-Einheit kann nicht willkührlich vom einzelnen Bürger gesetzt werden; für ihn und für seine Verhältnisse ist sie von einer höhern Gewalt gesetzt; er muß sie als eine unveränderliche Größe erkennen.

Der Größenwerth einer Vermögensportion wird in Gelde ausgedrückt, wenn angegeben wird, was für eine Summe Geldes der Eigenthümer für sie erhalten würde, wenn er sie veräußern wollte. Bey dieser Schätzung wird nicht auf den qualitativen Werth der Gegenstände, nicht auf ihre Tauglichkeit als Mittel zur Erreichung bestimmter Zwecke, sondern nur darauf gesehen, wie groß die Summe Geldes sey, die der Eigenthümer unter diesen Umständen für sie erhalten kann. Die Gegenstände, die das Vermögen eines Privatmanns ausmachen, werden also nicht geschätzt in Beziehung auf bestimmte Bedürfnisse und Zwecke, sondern, indem sie einer Summe Geldes gleichgesetzt werden, die er dafür erhalten könnte, in Beziehung auf die Möglichkeit der Erreichung vor itzt noch unbestimmter; und nur erst in Zukunft willkührlich zu bestimmender Zwecke; sie machen nun vorzüglich darum sein Vermögen aus, weil sie eine solche Schätzung zulassen. Vermögen ist strenge genommen vom Eigenthum verschieden; was eine Person als Eigenthum besitzt, ist darum noch nicht ihr Vermögen; denn ersteres besteht bloß in dem Rechte, Andere von dem Besitze und dem Gebrauche gewisser Gegenstände auszuschließen,

*2

aber noch nicht in der Möglichkeit, für sie von Andern andere Gegenstände zu erhalten; das Eigenthum kann unveräußerlich seyn. Vermögen besitzt aber Jemand in den ihm zugehörigen Gegenständen nur in so ferne, als sie für ihn ein Mittel zur Erreichung noch unbestimmter, erst in Zukunft willkührlich zu bestimmender Zwecke seyn können, und dies können sie nur dann seyn, wenn es möglich ist, dafür das einzige Ding, das willkührlich zur Erreichung beliebiger Zwecke verwendet werden kann, nämlich Geld zu erhalten. Selbst, wenn ein unveräußerliches Eigenthum geschätzt wird, so nimmt man an, daß es veräußert werden könne. Hieraus ergiebt sich, daß das Vermögen einer Person, verglichen mit dem Vermögen Anderer, um so größer sey, einer je größern Summe Geldes, die sie im Falle der Veräußerung dafür erhalten könnte, es gleichgesetzt wird.

Das Geld ist also der allgemeine Maßstab, nach dem die Größe des Vermögens eines jeden Privatmanns bestimmt wird. Da Jeder im Verhältnisse zu Andern um so vermögender ist, einer je größern Summe Geldes sein Vermögen gleich kömmt: so ist natürlich sein Bestreben dahin gerichtet, für die Gegenstände, die er an Andere abtritt, die möglichst größte Summe Geldes zu erhalten. Aber im Gelde, als bloßer Quantität liegt keine Beziehung auf bestimmte Bedürfnisse und Zwecke; eine gegebene Summe Geldes enthält nichts, woraus man erkennt, in welchem Grade durch sie dieses oder jenes Bedürfniß befriediget werden könne; man weiß nur, daß man zu der nämlichen Zeit, und am nämlichen Orte mit der doppelten Summe Geldes zweymal so viel zu bewirken vermöge, als mit der einfachen; darum ist das Geld nur ein *ideeller* Vermögensmesser; (3) die Geld-Einheit selbbt ist nur in Beziehung auf die in ihr auszudrückenden Geldsummen unveränderlich, aber nicht in Beziehung auf die realen Gegenstände, die man für Geld erhalten kann; eine Waare, für die man früher 10. Thaler bezahlte, erhält man itzt nur für 20; die Waare blieb dieselbe, aber der Thaler auf sie bezogen, ist itzt nur die Hälfte dessen, was er früher war. Diese Veränderlichkeit der Geld-Einheit drückt man im gemeinen Leben durch *Wohlfeilheit* und *Theurung* aus. Die reale Bedeutung der Geld-Einheit, und jeder Summe Geldes muß daher jedesmal erst gesucht werden; sie ist das Resultat des Zusammenwirkens mannigfaltiger Ursachen, die der Einzelne von seinem eingeschränkten Standpuncte aus, selten vollständig entdecken kann; noch weit weniger vermag er den Antheil zu unterscheiden, der am gemeinschaftlichen Resultate jeder einzelnen Ursache zuzuschreiben ist.

In so ferne das Geld Tauschmittel ist, wird das von dem gegenwärtigen Besitzer einem Andern übergeben; diesem Andern steht gegen den, von dem er das Geld empfieng, keine Forderung zu, denn sonst hätte er das Geld nicht empfangen; es muß also, wie eine andere reale Vermögensportion von dem Einen an den Andern übergeben werden, in den physischen Besitz übergehen, und in der Gewalt des Geldbesitzers erhalten werden können. Aus diesem Grunde muß es in etwas Materiellem repräsentirt werden, das eben so, wie andere reale, bewegliche Vermögensportionen, übergehen und übergeben werden kann. Der Uebergang des Geldes von Einem zum Andern ist also *reale Uebertragung einer ideellen Vermögensportion.* Da das Geld allgemeines Tauschmittel ist, so muß die Geld-Einheit, oder ein Theil, oder das Vielfache derselben körperlich auf eine solche Art dargestellt werden, daß man das Darstellende sogleich für die Geld-Einheit, oder für diesen bestimmten Theil derselben, oder für diese Geldsumme, in der die Geld-Einheit so und so vielmal enthalten ist, erkenne, daß über das körperlich Darstellende, und das quantitativ Dargestellte kein Zweifel entstehe.

II.

Ich habe die gemeine Vorsteilung vom Gelde entwickelt, und das Merkwürdigste angegeben, das Jeder, der mit einiger Aufmerksamkeit nachdenkt, in ihr finden wird; ich hielt mich bloß an den reinen Begriff, den man sich, ohne ihm etwas Fremdartiges beyzumischen, in den untergeordneten bürgerlichen Verhältnissen, im gemeinen Handel und Wandel vom Gelde macht. Aber dieser Begriff wird in seiner Reinheit selten aufgefaßt, und noch seltener ganz rein dargestellt; ihm wird gewöhnlich noch die Vorstellung des Stoffes beygemischt, der bey allen gebildeten Völkern als Geld gilt; so wird der Stoff, das Darstellende mit dem Gelde, dem Dargestellten verwechselt, eines vom andern nicht mehr unterschieden, und der Stoff als solcher schon für Geld genommen; itzt werden *Gold und Silber* als das eigentliche, wahre Geld angesehen; andere Arten des Geldes sind nur Stellvertreter des aus den edeln Metallen bestehenden Geldes; man glaubt und behauptet, Etwas, dessen man sich als allgemeinen Tauschmittels bedient, und das nicht Gold oder Silber ist, sey kein Geld, obgleich man im ganzen Staatsgebiethe dafür alles erhält, was man verlangt, und was für Geld käuflich ist, und es sey nur darum allgemeines Tauschmittel, und gelte dafür, weil man es gegen Gold und Silber austauschen kann. - Es ist jedoch eine auffallende, und grobe Verwechselung der Begriffe, wenn man die edeln Metalle und das Geld für eines und dasselbe ansieht; denn Gold und Silber sind an und für sich kein Geld, sie werden es erst, die Menschen machen sie dazu; ja die Geschichte nennt uns Zeiten, wo die edeln Metalle noch nicht Geld, nicht Tauschmittel, nicht Maßstab des Werthes waren, und wir können uns sehr leicht einen Staat denken, in dem ein Geld circulire, das weder Gold noch Silber sey.

Der Grund, der alle gebildeten Völker bewogen hat, die edeln Metalle vorzugsweise vor allen andern natürlichen Stoffen als Tauschmittel zu gebrauchen, und auf sie die *gemeine* Vorstellung vom Gelde zu übertragen, liegt in ihren natürlichen Eigenschaften, wie dies mehrere Schriftsteller hinlänglich gezeigt haben. Aber damit ist noch nicht dargethan, daß nur sie allein Geld seyen, und seyn können; es ist noch nicht bewiesen, daß sie auch in Allem der *höhern Ansicht,* die man sich vom Gelde machen muß, entsprechen. Nur unter gewissen Bedingungen ist Geld vorhanden, und als ideelle Vermögensportion, als bloßes Tauschmittel in einem Materiellen dargestellt. Da die edeln Metalle Geld sind, so müssen auch die Bedingungen gegeben seyn, unter denen überhaupt Geld existiren, und in was immer für einem natürlichen oder künstlichen Stoffe dargestellt werden kann. Die Vorstellung von dem Wesen und den Functionen des Geldes bleibt unvollständig und mangelhaft, man hat sich noch nicht zu einer höhern Ansicht erhoben, so lange man diesen Bedingungen nicht nachgeforscht, und sie aufgefunden hat. Gold und Silber sind und bleiben nur unter folgenden Bedingungen Geld:

1.) Wenn bey Andern Gegenstände vorhanden sind, welche sie gegen Gold und Silber an die Besitzer dieser edeln Metalle abtreten wollen;
2.) Wenn diese Gegenstände den Bedürfnissen und Zwecken der Metallbesitzer entsprechen, mithin von ihnen verlangt werden;
3.) Wenn die gegenwärtigen Besitzer der für Gold und Silber hinzugebenden Gegenstände diese Metalle nicht in der Absicht verlangen, um sie für ihre eigenen Zwecke unmittelbar zu verwenden, sondern nur darum,

um ebenfalls wieder ihren Bedürfnissen und Zwecken entsprechende Gegenstände von Andern dafür zu erhalten;

4.) Wenn in der Reyhe der auf einander folgenden Besitzer der edeln Metalle Jeder, an den sie gelangen, sie wieder weggiebt, und Keiner sie zu einem unmittelbaren Gebrauche verwendet.

Diese Bedingungen hängen von einer noch höhern ab: sie setzen nämlich einen Zustand voraus, in dem das Eigenthum eines Jeden rechtlich anerkannt, und gegen die Angriffe Anderer geschützt ist; der Metallbesitzer muß die edeln Metalle als sein Eigenthum, über das er frey und ungehindert disponiren darf, ansehen können; die Gegenstände, für die die Metallbesitzer ihr Gold und Silber hingeben wollen, müßen das Eigenthum Anderer seyn, und ihnen muß frey stehen, für diese abzutretenden Gegenstände so viel Gold und Silber zu verlangen, als ihnen beliebt; es muß eine solche Ordnung der Dinge statt finden, daß die Gegenstände, welche für die edeln Metalle abgetreten, und sodann verbraucht und verzehrt werden, immer wieder aufs neue reproducirt werden, daß das ausgegebene Gold und Silber periodisch wieder an die ersten Besitzer zurückkehre, und von ihnen wieder für reale, inzwischen aufs neue hervorgebrachte Gegenstände an Andere übergehe. - Mit einem Worte, die letzte Bedingung der Existenz des Geldes ist der *Staat;* ohne ihn, und außer ihm sind die edeln Metalle kein Geld, sie sind nur unbelebte, todte Massen; was sie zu Gelde macht, ist der Staat. Somit ist das Geld eine *Emanation* des Staates, Etwas, das vom Staate ausgeht, das in des edeln Metallen fixirt, und durch sie dargestellt wird. Es ist das eigene Leben des Staates, das diese todten Stoffe belebt; wie das Leben vom Staate selbst weicht, wie das organische Band, das seine Theile zusammen hält, lockerer wird, und er sich seiner Auflösung nähert, verschwindet auch das den edeln Metallen mitgetheilte Leben, und ihre Geld-Eigenschaft geht verloren.

Wenn in einem Lande Rechtlichkeit, Treue und Glauben verschwinden; wenn die Gesetze das Eigenthum nicht mehr zu schützen vermögen, Niemand mehr auf sie, sondern nur auf persönliche Verbindungen und Protectionen rechnen darf; wenn es für ganze Klassen der Einwohner immer unmöglicher wird, Vermögen zu erwerben, und was sie besitzen, zu erhalten; wenn die Regierung und die höhern Stände ihr Interesse von dem des Volkes trennen, und es ihm entgegen setzen; wenn unerschwingliche und willkührliche Abgaben die Unterthanen drücken, und gierige Einnehmer auf jeden Uebergang des Geldes, auf jedes Erscheinen der edeln Metalle lauern, um einen kleinen Theil davon für den Staat, und den größern für sich hinweg zu nehmen; wenn täglich neue Gesetze und Verordnungen erscheinen, heute verbothen wird, was gestern befohlen war, und Keiner weiß, was er morgen werde thuen dürfen; wenn das Wort der Regierung nichts mehr gilt, und Niemand ihren Versprechen traut: dann verschwindet das Gold und Silber aus der Circulation, und wes nur kann, hält die edeln Metalle zurück; man verbirgt sie, man vergräbt sie in die Erde. - Sind diese zurückgehaltenen, verborgenen, und vergrabenen Metalle noch Geld ? Dies wird man nicht behaupten, wenn man bedenkt, daß es zum Wesen des Geldes gehöre, daß bey Andern reale Gegenstände vorhanden seyen, die den Bedürfnissen und Zwecken des Geldbesitzers entsprechen, und die er sich für Geld verschaffen will; hier können die Andern dem Besitzer der edeln Metalle nichts anbiethen, das er verlangt, und wofür er sein Gold und Silber hingeben will; er ist nicht versichert, daß sie wieder an ihn zurückkehren, daß die Gegenstänee, die er indessen verbraucht und verzehrt, wieder reproducirt, und für die zurückgekehrten Metalle wieder an ihn gelangen werden. Wie aber gegenseitige Treue und Glauben wieder aufleben, und unter dem Schutze des Gesetzes Jeder die Früchte seiner Arbeit und seines Fleißes sicher genießt: so erscheinen auch die edeln Metalle wieder, werden wieder Geld. So verbirgt man also das Gold und Silber in der Hoffnung, daß die traurigen Zeiten vorübergehen, Sicherheit des Eigenthums, Recht und Gerechtigkeit wiederkehren werden; man verbirgt sie, damit man in einer bessern Ordnung der Dinge in ihrer wieder auflebenden Geld-Eigenschaft das Mittel zur Erreichung gesetzlich anerkannter Zwecke besitze. - Die edeln Metalle sind also an und für sich kein Geld; sie sind es noch nicht einmal, wenn man sich ihrer auch hie und da, und in einzelnen Fällen als Tauschmittel bedient; sie werden es erst in dem Staate und durch ihn; ihre Geld-Eigenschaft ist etwas vom Staate auf sie Uebertragenes, und sie kann ihnen nur vom Staate erhalten werden. Wenn daher die Bedingungen gegeben sind, unter denen Gold und Silber als Geld circuliren: so ist es auch möglich, daß jedes andere auf die nämliche Art übertragbare Zeichen Geld sey, so bald ihm der Staat die Geld-Eigenschaft ertheilt, oder es sie auf eine andere Art unter öffentlicher Autorität arhalten hat.

Wir haben gesagt, das Geld sey ein ideeller Bestandtheil des Vermögens des Geldbesitzers; um das Wesen des Geldes noch genauer zu erforschen, müssen wir es in seinen Beziehungen zu den übrigen Bestandtheilen des Privatvermögens kennen lernen, und es auf seinen Uebergängen von Einem zum Andern verfolgen. Was unter Vermögen verstanden werde, wurde schon gesagt; alles, was zu ihm gerechnet wird, gehört zu einem oder dem andern folgender Bestandtheile:

1.) Grund und Boden, und alles, was mit ihm unzertrennlich verbunden ist, als Gebäude, Anlagen u. s. w.; so wie alles, was aus ihm hervorgeht, und periodisch von ihm getrennt wird, so lange es noch mit ihm verbunden ist, als die stehende Saat, die Bäume im Walde, u. s. w.;
2.) Jene an sich zwar beweglichen Gegenstände, die unmittelbar zur Beschäftigung und zum Gewerbe der Familie dienen, und die sie nicht veräußern oder verbrauchen kann, ohne andere Gegenstände der nämlichen Art an ihre Stelle zu setzen;
3.) Der Vorrath jener natürlichen und technischen Producte, die zur Befriedigung der unmittelbaren Bedürfnisse der Glieder der Familie, zu ihrem Lebensunterhalte und Genuße bestimmt sind;
4.) Der Vorrath an Lebensmitteln, rohen Materialien, noch nicht vollendeten und vollendeten technischen Producten, die nicht zur Consumtion der Glieder der Familie, sondern zum Verkaufe bestimmt sind;
5.) Das vorhandene Geld, und
6.) Die Forderungen, die der Familie an andere Familien zustehen.

Ein Theil des Privatvermögens ist seiner Natur, oder seiner Bestimmung nach unbeweglich. Ihrer Natur nach unbeweglich sind Grund und Boden, und die unzertrennlich damit verbundenen Gegenstände; der Bestimmung nach unbeweglich sind jene Gegenstände, die zur Betreibung des Gewerbes, und zur Befriedigung der unmittelbaren Bedürfnisse der Familie dienen. Beweglich sind das Geld, der Vorrath jener Gegenstände, die zum Verkaufe bestimmt sind, die von Grund und Boden zu trennenden Natur-Erzeugnisse; die Forderung kann beweglich und unbeweglich seyn, je nachdem sie übertragbar ist oder nicht. Sieht man auf die Bestimmung der mannigfaltigen Bestandtheile des Vermögens, nämlich auf die Zwecke, für welche sie der Eigenthümer verwendet, so ergiebt sich:

3

1.) Einige Bestandtheile des Vermögens sind zunächst und unmittelbar zur Befriedigung der unmittelbaren Bedürfnisse des Eigenthümers und seiner Familie bestimmt (steriles Consumtions-Capital, und steriles Grund-Capital.)

2.) Andere dienen für die mittelbaren Bedürfnisse des Eigenthümers, zu seiner Beschäftigung, seinem Gewerbe (productives Consumtions-Capital, urproductives, und productives Grund-Capital.)

3.) Noch andere Bestandtheile des Vermögens sind nicht bestimmt vom Eigenthümer unmittelbar für seine eigenen Zwecke verwendet zu werden; sie sind bestimmt, für Geld an Andere überzugehen, und dem Eigenthümer ein Geld-Einkommen zu verschaffen, das er nach Belieben verwenden kann (bewegliches materielles Capital.)

4.) Sodann enthält das Vermögen Bestandtheile, die keine unmittelbare Verwendung zulassen, die aber von dem Eigenthümer mittelbar zu beliebigen Zwecken verwendet werden können; (circulirendes Capital, oder Geld, und Forderungs-Capital.)

Wollte man versuchen die Bestandtheile des Vermögens in einer systematischen Ordnung darzustellen, so möchte sie ungefähr folgende seyn:

I. Grund-Capital;
- a. urproductives,
- b. productives,
- c. steriles.

II. Consumtions-Capital;
- a. productives,
- b. steriles.

III. Bewegliches materielles Capital;
- a. Stoff-Capital,
- b. Stoff- und Form-Capital.

IV. Circulirendes Capital (Geld.)

V. Forderungs-Capital (Forderung.) - Jener Theil des Grund-Capitals, der unterhalten, und reparirt werden muß, wird samt dem Consumtions-Capitale, *Consumtions-Fond* genannt.

Man wird bey der Untersuchung national-öconomischer Gegenstände nie zu wahren und entscheidenden Resultaten gelangen, wenn man nicht bey sich selbst vollkommen einig, und sich immer dessen bewußt ist, was man voraussetzt, nicht von einem genau zu bestimmenden, alles umfassenden Standpuncte ausgeht, und ihn immer im Auge behält. Die schärfsten Definitionen und Unterscheidungen sind hier von keinem Nutzen; je mehr sie in einer Rücksicht mit der Wahrheit überein zu kommen scheinen, desto einseitiger und widersprechender erscheinen sie in einer andern Rücksicht. Man hat hier nicht mit leblosen, todten Gegenständen zu thun, die das bleiben, wofür man sie einmal erkannt und gesetzt hat; die National-Oeconomie ist Leben, ein immerwährender Wechsel der Formen und Bestandsheile des Vermögens innerhalb der Sphäre des Staates; nichts bleibt, was es war, Alles ist in einem immerwährenden Werden begriffen; das qualitativ als unveränderlich und dasselbe gesetzte wird quantitativ immer ein anderes, und umgekehrt. - In unserm Denken müssen wir stets von einem bestimmten Puncte ausgehen, und ob es wahr sey, mit den Gegenständen übereinstimme, hängt davon ab, ob wir von diesem Puncte aus das Ganze übersehen, von ihm aus es construiren, die vorkommenden Gegensätze vereinigen, und jeden Widerspruch aufheben können. Auch für die National-Oeconomie giebt es einen solchen Central-Punct; er ist das *National-Vermögen.* - Der anerkannte Zweck aller ausübenden Oeconomie ist Erhaltung, und Vermehrung des Vermögens; hierin kommen Privat- und National-Oeconomie überein. Aber dem Privat-Oeconomen ist die Art, wie sein Vermögen vermehrt werde, gleichgültig, wenn ihm nur nicht der Vorwurf gemacht werden kann, daß er die Gesetze seines Landes verletzt habe; er kümmert sich nicht darum, ob durch seine Maßregeln und Operationen das Vermögen Anderer vermindert werde, so lange er die durch die positiven Gesetze vorgeschriebenen Schranken nicht überschreitet. Der National-Oeconom hingegen hat es mit der Summe des Vermögens aller Einzelnen, und dem Vermögen des Staates, als mystischer Person, mit dem gesammten National-Vermögen zu thun; er wird als Gelehrter den Zweck seiner Wissenschaft verfehlen, und als Staatsmann dem Zwecke des Staates entgegen handeln, wenn er die Bedingungen nicht anzugeben, und sich immer gegenwärtig zu erhalten weiß, unter denen das Vermögen eines jeden Einzelnen, und das Vermögen des Staates qualitativ und quantitativ dasselbe bleibe; ohne die deutlichste Ein-

*2

sicht dieses Punctes wird er nie gewiß wissen und angeben können ob durch diesen oder jenen Umstand, durch diese oder jene gesetzliche Maßregel eine Klasse der Bürger nur auf Unkosten der übrigen, die Regierung zum Nachtheile der Unterthanen bereichert, oder ob das National-Vermögen wirklich vermehrt werde. Gewisse Bestandtheile des Vermögens werden theils periodisch verbraucht und verzehrt, und müssen daher periodisch wieder producirt werden, theils gehen sie an andere über; in diesen periodischen Uebergängen, dieser periodischen Production und Consumtion liegen die einzigen Bedingungen der Vermehrung und Verminderung sowohl des Vermögens der Einzelnen, als des gesammten National-Vermögens. Darum müssen wir vor allem diese Production und Consumtion, diese Uebergänge einzelner Bestandtheile des Vermögens unter der Voraussetzung kennen, daß weder das Vermögen der Einzelnen, noch das gesammte National-Vermögen vermehrt oder vermindert werde; die Voraussetzung, von der wir ausgehen, ist also folgende:

Das Vermögen eines jeden Einzelnen sowohl, als das dem Staate als mystischer Person zustehende V ermögen, mithin auch das gesammte National-Vermögen bleibt ungeachtet des Wechsels und der Veränderungen seiner Bestandtheile qualitativ und quantitativ uuverändert.

Itzt ist der Standpunct unserer folgenden Untersuchungen genau bestimmt, und wir setzen uns nicht der Gefahr aus, aus unbestimmten und schwankenden Voraussetzungen schiefe und halbwahre Folgerungen zu ziehen. Wenn das Vermögen eines jeden Einzelnen unverändert bleibt, so folgt von selbst, daß die Summe des Vermögens aller Individuen, die zu der nämlichen öconomischen Klasse gehören, ebenfalls nicht verändert werde; wir haben daher den Wechsel und die Veränderungen der einzelnen Vermögens-Bestandtheile nur in Beziehung auf ganze öconomische Klassen zu betrachten.

Wenn die Urprocucenten nicht Eigenthümer des Grundes und Bodens sind, besteht ihr Vermögen *ursprünglich* aus einem productiven und sterilen Consumtions-Fond, und einem Stoff-Capital, nämlich jenem Quantum Urproducte, das zum Verkaufe bestimmt ist; jene natürlichen Producte, welche die Urproducenten unmittelbar, und ohne daß sie an andere Klassen übergehen, für ihre eigenen Bedürfnisse verwenden, sind schon in ihrem Consumtions-Capital begriffen. Bey den Urproducenten findet sich also ein bewegliches materielles Capital; aber dieses Capital gehört nicht vollständig zu ihrem Vermögen; denn dem Staate und den Grundherren steht darauf eine Forderung zu; sie müssen an den ersten Abgaben entrichten, und an die letzteren die Grundrente bezahlen. Nun verkaufen die Urproducenten das bey ihnen sich vorfindende bewegliche materielle Capital, und empfangen dafür eine Summe Geldes; mit einem Theile dieses Geldes bezahlen sie die Abgaben und die Grundrente; mit dem Reste kaufen sie einen Theil des anderwärts vorhandenen materiellen Capitals, der sodann zu ihrem Consumtions-Fond geschlagen wird. So wie nur jene Producte in das Eigenthum der Urproducenten übergehen, die sie für das Geld kaufen, das ihnen nach Abzug der Grundrente und der Abgaben übrig bleibt: so war auch nur dieses übrig gebliebene Geld, oder jenes Quantum Naturproducte, wofür sie es erhielten, ihr Eigenthum. Die Producte, welche die Urproducenten für das übrig gebliebene Geld kaufen, werden in einem *bestimmten Zeitraume* gänzlich verzehrt und verbraucht, oder doch ein eben so großer Werth an ihrem vorhandenen Consumtions-Fond. Von dieser Seite also wird das Vermögen der Urproducenten täglich vermindert, und es würde nach einiger Zeit gänzlich verschwinden, wenn der Werth der verzehrten und verbrauchten Gegenstände nicht wieder auf einer andern Seite zum Vorschein käme, und reproducirt würde. Aber nicht nur dieser Werth, sondern auch der Werth der bezahlten Grundrente und Abgaben, wie der Werth der von den Urproducenten unmittelbar verbrauchten Naturproducte kömmt periodisch in den aus der Erde hervorkommenden, und von ihr zu trennenden Urproducten wieder zum Vorschein. Nach Ablauf dieser Periode besteht das Vermögen der Urproducenten wieder gänzlich aus eben denselben Bestandtheilen, aus denen es in ihrem Anfange bestund, und da in jedem Zeittheile von ihrem Vermögen ein so großer Theil aufgegangen ist, als in der nämlichen Zeit an den wieder erzeugten und eingesammelten Urproducten zu ihrem Vermögen gehört: so blieb auch ihr Vermögen während der ganzen Periode, ungeachtet des Wechsels seiner Bestandtheile, unverändert.

Das Vermögen der technischen Producenten besteht ursprünglich aus einem productiven und sterilen Consumtions-Fond, aus einem Vorrathe zu verarbeitender Materialien, unvollendeter und vollendeter technischer Producte, mithin einem beweglichen materiellen Capitale, und aus Geld. Diese Klasse, die keinen Stoff hervorbringt, muß theils unmittelbar von den Urproducenten, theils von den Kaufleuten periodisch ein Quantum Lebensmittel, und ein Quantum zu verarbeitender Materialien erhalten. Da die technischen Producenten jenes bewegliche materielle Capital in dem Verhältnisse, in dem es an sie übergeht, bezahlen müssen; so muß eine demselben entsprechende Geldsumme bey ihnen vorhanden seyn. Früher haben die technischen Producenten ein Quantum Lebensmittel und Materialien von den Kaufleuten erhalten, und die dafür schuldige Geldsumme haben sie erst in dieser Periode zu bezahlen; den Kaufleuten kömmt also eine Forderung an diese Klasse zu, weswegen eine ihr gleiche Schuld vom obigen Vermögen der technischen Producenten abzuziehen ist; sodann kaufen sie von den Kaufleuten während dieser Periode ein Quantum Lebensmittel, Materialien, und technischer Producte, wofür eine entsprechende Summe von ihnen an die commercielle Klasse kömmt. Itzt verkauft die technische Klasse an die Kaufleute und an die politische Klasse ein Quantum technischer Producte; im Vermögen dieser Klasse kömmt an die Stelle der verkauften Producte das dafür empfangene Geld; die technischen Producenten verzehren inzwischen die bey ihnen vorräthigen Lebensmittel, und verbrauchen einen Theil ihres Consumtions-Fonds; der aufgegangene Werth erscheint wieder in der Form der unterdessen verfertigten technischen Producte; sodann kauft diese Klasse von den Urproducenten Lebensmittel und Materialien; das dafür ausgegebene Geld geht aus ihrem Vermögen hinweg, und an seine Stelle kommen die dafür empfangenen Urproducte; weiter verkaufen die technischen Producenten ein Quantum technischer Producte an die Urproducenten, und erhalten dafür eine Summe Geldes; endlich bezahlen sie die aus der frühern Periode schuldige Summe Geldes an die Kaufleute, und empfangen wieder ein eben so großes Quantum Lebensmittel und Materialien auf Credit, wie vorhin. Somit bleibt auch das Vermögen der technischen Producenten während der ganzen Periode unverändert.

Das Vermögen der commerciellen Producenten besteht zu Anfange dieser Periode aus ihrem vorhandenen Comsumtions-Fond, aus Geld, und der ihnen an die technische Klasse zustehenden Forderung. Mit dem Gelde kaufen sie einen Theil des bey den Urproducenten und der technischen Klasse vorhandenen beweglichen materiellen Capitals; während dieser Periode verzehren sie Lebensmittel und technische Producte; von dieser Seite wird also ihr Vermögen kleiner; dagegen verkaufen sie an die Urproducenten, die technische und politische Klasse die bey ihnen vorräthigen Waaren um einen höhern Preis, als sie von ihnen eingekauft wurden; der Unterschied zwischen dem Einkaufs- und Verkaufspreise kömmt dem Werthe gleich, der indessen an ihrem Consumtions-Fond aufgegangen ist; von der technischen Klasse haben sie ihre Forderung bezahlt erhalten, und geben ihr auf Credit wieder ein gleiches Quantum Lebensmittel und Materialien. So ist nach Ablauf dieser Periode ihr Vermögen wieder in den nämlichen Bestandtheilen vorhanden, und in keinem Zeittheile war es größer oder kleiner, als zu Anfang oder Ende derselben.

Die politische Klasse, zu der wir die öffentlichen Beamten und die Grundherren rechnen, trägt *unmittelbar* zur Existenz des beweglichen materiellen Capitals nichts bey; in Beziehung auf dieses Capital, zu dessen Bildung nur die Urproducenten, die technischen und commerciellen Producenten zusammen wirken, sind die Individuen der politischen Klasse *bloße Consumenten,* und ihr Vermögen ist in dieser Rücksicht ursprünglich nur ein steriler Consumptions-Fond. Hievon geht durch die Consumtion täglich ein Theil verloren, und es würde ganz verschwinden, wenn es nicht periodisch aus dem beweglichen materiellen Capitale ersetzt würde. - Der vorzüglichste Bestandtheil des Vermögens der Grundherren ist unbeweglich, nämlich Grund und Boden; hiezu kömmt die ihnen vermöge dieses Eigenthumsrechtes an die Urproducenten zustehende und periodisch sich erneuernde Forderung, nämlich die Grundrente, und ihr steriler Consumtions-Fond. Haben die Urproducenten die an sie zu machende Forderung berichtiget, also die Grundrente in Gelde abgetragen, so kömmt im Vermögen der Grundherren an die Stelle der Forderung das als Grundrente empfangene Geld; dafür kaufen sie aus dem vorhandenen beweglichen materiellen Capital die Gegenstände, welche zur Befriedigung ihrer Bedürfnisse dienen. Von dem Zeitpuncte an, wo sie die Grundrente empfangen haben, bis zu jenem, wo sie sie wieder empfangen, haben sie auch den ganzen Werth der Grundrente verzehrt. So würde also durch die ununterbrochene Consumtion ihr Vermögen täglich vermindert, wenn nicht auf der andern Seite ihre Forderung an die Urproducenten wieder auflebte, und in den Erzeugnissen des Grundes und Bodens der als Grundrente zu bezahlende Werth wieder erschiene. Ganz das nämliche Verhältniß findet in Betreff der vom Staate erhobenen Geldabgaben, der von ihm besoldeten Beamten, und seiner eigenen, unmittelbaren Consumtion statt.

Von keiner Klasse geht ein Theil des beweglichen materiellen Capitals an eine andere über, ohne daß an jene, von der es kömmt, eine Summe Geldes gelange, oder für sie eine Forderung entstehe, die später mit Gelde bezahlt wird; die Summe Geldes, oder die Forderung, oder beyde zusammen sind dem Geldwerthe des übergegangenen materiellen Capitals gleich. Das Geld macht jedoch Uebergänge, ohne daß auch bewegliches materielles Capital übergehe, nämlich von den Urproducenten an die Regierung und die politische Klasse; (von ähnlichen Uebergängen des Geldes von andern Klassen an die Regierung sprechen wir itzt nicht, weil sie auf den Gegenstand unserer Untersuchung zunächst keinen Einfluß haben;) da der Staat und die Grundherren ursprüngliche Miteigenthümer der von den Urproducenten periodich hervorgebrachten und eingesammelten Urproducte, mithin Eigenthümer eines Theiles des ihnen zukommenden Größenwerthes sind: so geht in den in Gelde bezahlten Abgaben und der Grundrente an die Regierung und die Grundherren eine Anweisung über, mittels der sie aus dem vorhandenen beweglichen materiellen Capitale in realen Gegenständen einen ihren Bedürfnissen und Zwecken entsprechenden eben so großen Werth erhalten, als jener ist, der dem ihnen ursprünglich zugehörigen Quantum Urproducte zukömmt. Je größer, auf den ganzen Größenwerth der periodisch erzeugten, und ins materielle bewegliche Capital übergehenden Urproducte bezogen, die Summe der zu bezahlenden Abgaben und Grundrente ist, einen desto kleinern Theil können die Urproducenten von dem bey der technischen und commerciellen Klasse vorhandenen beweglichen Capital für sich erhalten, und ein desto größerer Theil kömmt an den Staat, seine Angestellten und die Grundherren. Hierdurch wird der Geldwerth dieses Capitals nicht verändert; nur geht ein Theil desselben an andere Consumenten über, als sonst geschehen wäre.

Das bewegliche materielle Capital enthält nicht nur jene materiellen Gegenstände , die von jeder der drey producirenden Klassen an die drey übrigen kommen, sondern auch noch jene Producte, welche von einer Familie an andere Familien derselben Klasse übergehen. So verkauft der Ackerbauer an andere Urproducenten Brodkorn, das diese verzehren, und kauft von ihnen Vieh, und Holz, und verwendet diese Gegenstände für seine Bedürfnisse; das eine sowohl als das andere gehört zum beweglichen materiellen Capital. Darum muß von ihm noch das *transitorische Capital* unterschieden werden; es ist nur ein Theil des ersteren, und *enthält nur jene Producte, die von jeder der drey producirenden Klassen an die Consumenten der beyden andern, und der politischen übergehen;* es begreift also einen Theil:

1.) Der während eines bestimmten, und noch zu bestimmenden Zeitraumes von den Urproducenten an die drey andern Klassen übergehenden Urproducte;
2.) der während des nämlichen Zeitraumes von den technischen Producenten ebenfalls an die andern drey Klassen kommenden technischen Producte;
3.) Der in der nämlichen Zeit von den commerciellen Producten gleich falls an die drey andern Klassen gelangenden Waaren. (4)

Dieses transitorische Capital, daß sich bey den drey Klassen der Producenten vorfindet und theils von einer derselben an die andern, theils an die politische Klasse gelangt, ist der Fond aus dem die Individuen aller Klassen, in so ferne sie Consumenten sind, alle zur Consumtion bestimmten Gegenstände hernehmen, *welche sie, und in so ferne sie dieselben nicht unmittelbar von Individuen ihrer eigenen Klasse erhalten.* Somit sind die im transitorischen Capitale enthaltenen realen Gegenstände bestimmt, während eines gewissen Zeitraumes verzehrt und verbraucht zu werden, in den vorhandenen Consumtions-Fond überzugehen, und den Werth zu ersetzen, der an diesem Fond aufgegangen ist. In dem transitorischen Capital, als einem *Inbegriff* zur Consumtion bestimmter realer Gegenstände, wird von ihrem qualitativen Werthe abstrahirt, und nur auf den Größenweth gesehen. Während jenes Zeitraumes also, während welches sämmtliche in ihm enthaltenen Gegenstände unter alle Individuen der Nation als Consumenten vertheilt werden, wird von Allen ein dem Größenwerthe de s ganzen transitorischen Capitals gleichkommender Größenwerth verzehrt. Fände dies nicht statt, so müßte nothwendig das Vermögen Einzelner, somit aus das ganze National-Vermögen vermehrt oder vermindert werden. Denn würde ein größerer Werth während dieses Zeitraumes verzehrt, so wäre er an dem vorhandenen Consumtions-Fond aufgegangen, und inzwischen wäre nur ein kleinerer Werth zu diesem Fond hinzu gekommen; es wäre also das National-Vermögen wenigstens um diesen Unterschied quantitativ vermindert; wenn aber ein kleinerer Werth verzehrt worden wäre, so wäre der Unterschied zum Consumtions-Fond hinzu gekommen, und das Na-

4

tional-Vermögen wenigstens um diesen Unterschied vermehrt worden. Soll demnach das National-Vermögen, und das Vermögen der Einzelnen unverändert bleiben, so ist dies nur unter der Bedingung möglich: *daß auch das transitorische Capital zu Anfang des gesetzten Zeitraumes quantitativ dasselbe sey, wie zu Ende dieser Periode.* - Die Consumtion ist stätig , und keinen Augenblick unterbrochen; eben so ist es auch die Production, wenn wir sie im *Ganzen* betrachten; der Werth, der in diesem Augenblicke verzehrt wird, ist in dem folgenden schon wieder hervorgebracht, und im transitorischen Capital vorhanden; *es läßt sich also unter der obigen Bedingung kein Zeitpunct denken, in dem das transitorische Capital quantitativ größer oder kleiner wäre, als in irgend einem andern.*

Kein Theil des transitorischen Capitals geht von einer Klasse an die andere, ohne daß an die Klasse, von welcher es kömmt, von derjenigen, an die es gelangt, eine Summe Geldes übergehe, oder für die erstere eine Forderung, und für die letztere eine Schuld entstehe, die erst nachher bezahlt wird. Jedem Uebergange einer Summe Geldes von einer der producirenden Klassen an eine andere producirende Klasse, oder von der politischen an eine derselben entspricht daher ein dem Größenwerthe nach gleicher Theil des transitorischen Capitals, der in entgegen gesetzter Richtung übergeht. - Die vorhandene, und in der Circulation begriffene Summe Geldes ist eine bestimmte, sie ist weder größer noch kleiner; sodann ist das Geld Etwas, das nicht verbraucht, nicht verzehrt wird; das einmal vorhandene Geld muß also *vorerst* gesetzt werden; als immer vorhanden, als ein Quantum, das weder vermehrt noch vermindert wird. Eine Summe Geldes mag also in dieser oder jener Klasse vorhanden seyn, so muß ihr nothwendig bey einer andern, und zwar einer der producirenden Klassen ein gleicher Größenwerth in realen im transitorischen Capitale begriffenen Gegenständen entsprechen, welche für die Summe Geldes an die Klasse, die das Geld ausgiebt, übergehen werden. Daraus folgt:

> *In dem transitorischen Capitale ist an realen Gegenständen beständig ein der vorhandenen und circulirenden Geldsumme gleichkommender Größenwerh enthalten.*

Aber nicht das ganze transitorische Capital geht einzig nur für Geld über; ein Theil desselben wird von den Individuen einer Klasse Individuen anderer

Klassen auf *Credit* gegeben; hier entstehen also durch die Uebergänge des transitorischen Capitals auf der einen Seite Forderungen, und auf der andern Schulden, welche nachher mit Gelde berichtiget werden. Nun geht aber das ganze transitorische Capital nur über für Geld und Forderungen, die in Gelde berechnet, und später auch in Gelde bezahlt werden. Hieraus ziehen wir den Schluß;

> *Der Größenwerth des transitorischen Capitals ist der circulirenden Geldsumme, und den aus seinen Uebergängen entstehenden Forderungen zusammen genommen gleich.*

Itzt erst kann der Grund angegeben werden, warum wir das transitorische Capital von dem beweglichen materiellen Capitale unterscheiden, und warum ersteres nur als ein Theil des letztern anzusehen sey. In jeder der productiven Klassen geht nämlich eine Menge Producte von einer Abtheilung an andere über; aber das Geld, womit eine Abtheilung die von andern empfangenen Producte bezahlt, kam an sie von andern Klassen, und geht aus dieser Klasse wieder an andere zurück. Der Uebergang der Producte von einer Abtheilung derselben Klasse zur andern wird vermittelt, und alle hieraus entstehenden Forderungen und Schulden werden ausgeglichen durch das Geld, das von andern Klassen an diese kömmt, und von ihr wieder an andere Klassen zurück kehrt. In Beziehung auf die ganze Nation sind daher der dem Gelde, das von der Abtheilung *A* an die Abtheilung *B* gelangt, an realen Gegenständen entsprechende Gegenwerth, nicht die Producte, die von *B* an *A* kommen, sondern Gegenstände, die sich bey andern producirenden Klassen vorfinden. Die Ackerbauern müssen z. B. periodisch von andern mit der Viehzucht sich beschäftigenden Landleuten eine bestimmte Anzahl Ochsen und Pferde erhalten, und die letztern bedürfen ein bestimmtes Quantum Brodkorn; die Ackerbauern verkaufen an andere Klassen Brodkorn, und mit einem Theile des erhaltenen Geldes kaufen sie das für sie nöthige Vieh; die Viehzüchter verkaufen ebenfalls an andere Klassen Vieh, und kaufen für einen Theil des Geldes Brodkorn; von den Ackerbauern sowohl, als von den Viehzüchtern kehrt das wechselseitig von einander empfangene Geld wieder an andere Klassen zurück, und der diesem Gelde eigentlich entsprechende Gegenwerth findet sich weder bey der einen noch der andern Abtheilung, sondern bey der technischen und

*2

commerciellen Klasse. Darum ist weder das Brodkorn, das an die Viehzüchter, noch das Vieh, das an die Ackerbauern kömmt, im transitorischen Capital begriffen. Gesetzt, das Brodkorn koste eben so viel als das Vieh: so kömmt zu der nämlichen Zeit von den Ackerbauern eine eben so große Summe Geldes an die Viehzüchter, als von den letztern an die erstern zurückgeht; hier haben zwey gleiche Summen Geldes nur die Besitzer verwechselt; sie hätten beyderseits ihr Geld behalten, und die Urproducte unmittelbar gegen einander austauschen können. Findet sich zwischen den Preisen dieser wechselseitig übergehenden Urproducte ein Unterschied: so wird nur dieser eigentlich mit Gelde ausgeglichen, und von jener Abtheilung, die diesen Unterschied zu empfangen hat, geht das Geld an andere Klassen. - Anders verhält sich die Sache, wenn zwischen diese Abtheilungen Kaufleute treten; denn die Kaufleute, die mit Brodkorn, so wie jene, die mit Vieh handeln, kaufen diese Urproducte mit ihrem *eigenen* Gelde; an die Ackerbauern kömmt also für ihr Brodkorn nicht das Geld der Viehzüchter, sondern der Kaufleute; an die Viehzüchter kömmt nicht das Geld der Ackerbauern, sondern ebenfalls jenes der Kaufleute; nun sind diese Urproducte im transitorischen Capital enthalten, denn sie sind an andere Klassen übergegangen, und ihnen entsprechen besondere Summen Geldes. - Wir wollen uns nicht länger bey dem Unterschiede dieser beyden Capitale aufhalten; man wird sich jedoch davon überzeugen, daß er nicht willkührlich erdacht sey, wenn man sich ohne ihn keine deutliche Vorstellung von den Bewegungen des Geldes, seinen Uebergängen und seiner Rückkehr zu machen im Stande ist, wenn ohne ihn die Circulation des Geldes, und die Uebergänge der realen Producte nur als eine chaotische Bewegung erscheinen, in der wir keine Ordnung entdecken, die wir nicht nach einem Gesetze contruiren können.

Der Größenwerth des transitorischen Capitals muß in Gelde berechnet, in Geld-Einheiten angegeben werden; dann beträgt er eine eben so große Summe, als das vorhandene circulirende Geld, und die aus den Uebergängen dieses Capitals entstehenden Privat-Forderungen. Das ganze Capital wird während eines bestimmten Zeitraumes unter die Individuen der ganzen Nation, als Consumenten vertheilt, und während der nämlichen Zeit wird von ihnen ein diesem Capitale gleichkommender Größenwerth verbraucht und verzehrt. Das Jahr ist die von der Natur selbst festgesetzte Periode, und der Maßstab jeder andern durch die Natur selbst nicht bestimmten längern Zeit. Während eines Jahres nun gelangt an alle Individuen als Consumenten aus dem immerwährend vorhandenen transitorischen Capital an realen Gegenständen ein bestimmter, einer gewissen Geldsumme gleichkommender Größenwerth; einen eben so großen Werth hat die Nation während eines Jahres theils an Producten, die im transitorischen Capitale begriffen waren, theils an ihrem Consumtions-Fond, dessen Abgang durch Gegenstände aus dem transitorischen Capital ersetzt wurde, verzehrt und verbraucht. *Dieser* während eines Jahres von der ganzen Nation consumirte Werth steht zum Geldwerthe des transitorischen Capitals in einem bestimmten Varhältnisse, und hieraus ergiebt sich der Zeitraum, während welchem das ganze transitorische Capital an die Consumenten übergeht, und ein ihm gleichkommender Größenwerth verzehrt und verbraucht wird. - Gesetzt dieser während eines Jahres von der ganzen Nation verzehrte Werth werde in Gelde auf 600 Millionen angeschlagen, und das transitorische Capital betrage 200 Millionen: so ist der Zeitraum, während welchem ein diesem Capitale gleichkommender Werth verzehrt und verbraucht wird, der dritte Theil eines Jahres, und in einem Jahre muß es dreymal vollkommen erneuert werden. Nach vier Monathen besteht das Gesammtvermögen jeder Klasse in Beziehung auf andere Klassen wieder gänzlich aus den nämlichen Bestandtheilen; die nämliche Summe Geldes, die zu Anfang der verflossenen vier Monate bey jeder Klasse vorhanden war, der nämliche Größenwerth an transitorischem Capital und an ihrem Consumtions-Fond befindet sich genau wieder bey der nämlichen Klasse zu Anfange der folgenden vier Monate; eben so sind die nämlichen Schuldverhätnisse in Beziehung auf alle vier Klassen wieder eingetreten; kurz, rücksichtlich des transitorischen Capitals, und des Consumtions-Fonds, *in so ferne sie als bloßer Größenwerth angesehen werden,* des Geldes und der Forderungen, ist ganz der nämliche Zustand zurück gekehrt, wie er vor vier Monaten war. Diese Rückkehr der nämlichen Verhältnisse zwischen den vier Klassen, in so ferne sie sich auf den Größenwerth und die Uebergänge des transitorischen Capitals beziehen, muß man unter dem Namen der *Geldcirculation* verstehen; das Geld hat während dieser vier Monate eine *Circulation* gemacht, und muß in einem Jahre drey Circulationen vollenden. Das Verhältniß des Zeitraumes, während welchem zwischen den vier Klassen eine vollständige Geldcirculation statt findet, zu der natürlichen Periode, dem Jahre bestimmt die *Circulationgeschwindigkeit;* sie ist um so größer, die Circulation ist um so geschwinder, je kleiner, gedachter Zeitraum ist.

Wir haben gefunden, daß der Geldwerth des transitorischen Capitals der Summe des circulirenden Geldes, und den aus den Uebergängen dieses Capitals entstehenden Privat-Forderungen gleich sey. Diese Forderungen stehen bestimmten Personen einer Klasse gegen andere bestimmte Personen in andern Klassen zu. Wenn das Vermögen der Einzelnen, so wie das Gesammtvernögen einer jeden Klasse, ungeachtet des Wechsels seiner Bestandtheile quantitativ unverändert bleiben soll: so ist dies nur unter der Bedingung möglich, daß auch der Geldwerth des transitorischen Capitals, und die circulirende Geldsumme unverändert bleiben; ist dieses, so findet sich immer der nämliche Unterschied zwischen dem Geldwerthe des transitorischen Capitals, und der circulirenden Geldsumme, und dieser Unterschied ist *der Geldwerth jenes Theiles des transitorischen Capitals, der fortdauernd auf Privat-Credit gegeben ist.* Obschon also die Gläubiger und Schuldner wechseln, so ist dennoch das auf Credit gegebene Quantum des transitorischen Capitals, so wie sein Verhältniß zum ganzen Capitale immer dasselbe.

Wir haben auf der einen Seite das transitorische Capital, nach seinem Größenwerthe in Gelde berechnet, einen Inbegriff reeller, materieller Producte, die alle zur Erreichung bestimmter Zwecke, zur Befriedigung bestimmter Bedürfnisse dienen, die periodisch verzehrt und verbraucht werden, und wieder periodisch zum Vorschein kommen; auf der andern Seite ist das unvergängliche Geld, das an und für sich zu nichts dient, unmittelbar zu nichts gebraucht werden kann, und Privat-Credit, nämlich die aus den Uebergängen des transitorischen Capitals entstehenden Privat-Forderungen. Wie kömmt es, daß auf einer Seite sich das Geld, und diese Forderungen zusammen finden, und daß sie beyde zusammen dem Geldwerthe des transitorischen Capitals gleich sind? Geld ist kein transitorisches Capital, denn das eine ist dem andern entgegen gesetzt, aber das Geld ist hier den Privat-Forderungen gleich gesetzt, und diese nehmen die Stelle der fehlenden Summe Geldes ein. Sind also Geld und Privat-Forderung nur zwey Arten der nämlichen Gattung? Was für ein Gattungsbegriff kann diese beyden Arten umfassen, wenn es nicht der Begriff einer Forderung überhaupt ist? Die Privat-Forderung steht Jemanden gegen eine bestimmte Person zu; erstere ist der Gläubiger, und letztere der Schuldner. Wenn das Geld eine Forderung ist, so ist der Geldbesitzer der Gläubiger; wenn es aber von der Privat-Forderung verschieden seyn soll, so ist die Forderung nicht gegen ein bestimmtes Individuum gerichtet; und doch muß sie gemacht, der ihr entsprechende Gegenwerth empfangen werden können. Die vermöge des Geldes zu machende Forderung geht immer auf einen Theil des transitorischen Capitals, und dieses Capital befindet sich im Besitze der drey producirenden Klassen. *Somit ist das Geld eine an die Gesammtheit der drey producirenden Klassen zustehende Forderung, vermöge welcher ein verhältnißmäßiger Theil des transitorischen Capitals empfangen werden kann.* Hier ist kein bestimmtes Individuum, keine bestimmte Klasse der Schuldner, und eben darum muß zum Beweise, daß die Forderung existire, daß ihr ein verhältnißmäßiger Theil des transitorischen Capitals entspreche, ein Zeichen vorhanden seyn, aus dem die Größe der Forderung zu erkennen, und der ihr zu Folge abzutretende Theil des transitorischen Capitals zu bestimmen ist. *Dieses Zeichen ist nun das Geld,* und die Zeichen, die Geld seyn sollen, sind es nur in so ferne, als für sie ein verhältnißmäßiger Teil dieses Capitals empfangen werden kann.

Bey jeder Privat-Forderung sind einander bestimmte Personen als Gläubiger und Schuldner entgegen gesetzt; sie bezeichnet im Vermögen des Gläubigers eine leere Stelle für einen aus dem Besitzthum des Schuldners *künftig zu empfangenden Werth;* sie ist Etwas, sie ist ein Bestandtheil des Vermögens des Gläubigers nur in so ferne, als sich der ihr entsprechende Werth im gegenwärtigen Besitzthum des Schuldners findet, oder künftig darin finden wird, mithin von ihm an den Gläubiger abgetreten werden kann. Nun ist früher (was besonders in Betreff der aus den Uebergängen des transitorischen Capitals entstehenden Privat-Forderungen zu merken ist) ein Theil vom Vermögen des Gläubigers in das Besitzthum des Schuldners übergegangen, und dies wäre nicht geschehen, es wäre keine Forderung, keine Schuld entstanden, wenn der Gläubiger in den Schuldner nicht das *Zutrauen* setzte, daß von diesem der bedungene Gegenwerth an ihn zurückkehren werde. Dieses Zutrauen nennt man *Credit,* und es gründet sich zunächst auf die Person der Gläubigers, dann auf sein Besitzthum, und endlich auf die Wirksamkeit der Gesetze, vermöge deren der Schuldner zur Abtretung des bedungenen Gegenwerthes gezwungen werden kann. Wenn das Geld als Forderung angesehen wird, so gründet sie sich nicht auf das Zutrauen, das der Geldbesitzer in dieses oder jenes Individuum, oder in die Wirksamkeit der Gesetze setzt, daß irgend ein bestimmtes Individuum zur Abtretung des dem Gelde entsprechenden Gegenwerthes gezwungen werden könne. Das Geld ist an den Geldbesitzer nur für einen aus seinem Vermögen hingegebenen Werth gekommen; auch hier bezeichnet es eine leere Stelle für einen aus dem transitorischen Capital *künftig* zu empfangenden Gegenwerth; auch hier hat der Geldbesitzer das Zutrauen, daß er diesen Werth in realen, seinen Bedürfnissen und Zwecken entsprechenen Gegenständen erhalten werde; somit weißt das Geld auf einen Credit, auf einen allgemeinen, einen Credit höherer Art hin, nur erst, wenn wir diesen kennen, dürfen wir hoffen, daß uns das Wesen und die Wirkungen des Geldes vollkommen deutlich werden. -

Der Staat ist eine ewige, unendliche Idee, die alles Edle und Große umfaßt, wozu das menschliche Geschlecht bestimmt ist, nicht eine vorüber gehende Metamorphose desselben, die dereinst aufhören, und an deren Stelle eine würdigere, edlere Form des Seyns treten wird; er ist die einzig mögliche und ewige Form, unter der endliche freye Wesen zusammen bestehen, und zu einer höhern Vollkommenheit hinan streben können. Die wirklichen Staaten sind nur mehr oder minder unvollkommne Abdrücke dieses göttlichen Urbildes; keinem ist es gegeben, die Idee in ihrer ganzen Reinheit darzustellen; dies könnte er nur in einer unendlichen Zeit; aber jeder Staat kann sich ihr immer mehr nähern, immer mehr des Ideellen in sich aufnehmen, und darstellen. - Der wahre Abstand des Endlichen vom Unendlichen läßt sich für endliche Wesen nie bestimmen; aber wi r können das Endliche im Puncte seines Entstehens auffassen, und auf der Bahn seines Fortschreitens, seiner Entwickelung verfolgen. Endlichen Wesen derselben Art ist durch die Idee selbst nur *eine* Bahn der Entwickelung und des Fortschreitens vorgezeichnet; so ist es uns möglich zu beurtheilen und zu erkennen, welches Individuum auf dieser Bahn vorgerückt, welches stehen geblieben, und welches zurück gewichen ist. So läßt sich von jedem wirklichen Staate angeben, welche Stelle er unter den übrigen in Beziehung auf den ideellen Staat einnehme, und ob er dem Urbilde näher, oder von ihm entfernter sey, als ein anderer. So befindet sich also jeder Staat in einer bestimmbaren Entfernung , nicht von der Idee, der er sich nähern soll, sondern vom Puncte seines Entstehens, von jenem Puncte, wo mehrere Menschen freywillig oder gezwungen eine höhere Gewalt über sich erkannten, und mehrere Generationen auf einem bestimmten Theile des Erdbodens in dieser Vereinigung auf einander folgten.

Dieser Abstand muß sich in einem äußerlich Erkennbaren darstellen; dieses ist in *öconomischer* Rücksicht das transitorische Capital, nicht bloß als abstractes Quantum, sondern zugleich auch in seiner qualitativen Bedeutung genommen. Der Staat überspringt auf der Bahn seiner Entwickelung keine Stufe, sondern von jener, auf der er in jedem Zeitpuncte steht, erhebt er sich nur zur nächsten höhern, oder sinkt auf die nächste tiefere herab. Diese Bewegung, oder dieses Stillstehen drückt sich im transitorischen Capital aus; von den Veränderungen des transitorischen Capitals, die diesen Bewegungen folgen, wird der ganze Staat als Organismun, wie jedes Individuum in seinen Verhältnissen afficirt. Nun bleibt das transitorische Capital quantitativ und qualitativ nur dasselbe, in so ferne dasjenige, dessen Ausdruck und Resultat es ist, ebenfalls nicht verändert wird. Ob der Staat auf seiner Bahn vorwärts oder zurück schreiten werde, darüber wird der Einzelne nur erst in der Zukunft belehrt; aber er kann gegenwärtig nicht handeln, wenn er sich nicht die Zukunft vorbildet, und da dies Alle thuen müssen, so entsteht ein allgemeines Urtheil über die Situation des Staates, über seine Ausartung, oder seine vollkommnere Entwickelung, dessen Gründe dem Einzelnen zwar dunkel vorschweben, die er aber nie bestimmt anzugeben vermag; dieses Urtheil bestimmt den Grad des *Zutrauens*, der in das Bestehen des Staates gesetzt wird; es ist der *Credit* des Staates.

Dieses über den Grad des in die Gesammtheit des Staates zu setzenden Zutrauens sich allgemein bildende Urtheil, besonders in so ferne es den Einzelnen zur Richtschnur dient, nach der sie sich in ihren Verhältnissen, und im Verkehre mit Andern richten, ist immer richtig, seltene Fälle ausgenommen, die die Geschichte als warnende Beyspiele nennt, und selbst in diesen Fällen gieng die Täuschung schnell vorüber. Das allgemeine Urtheil wurde vorsätzlich auf eine frevelhafte Art irre geleitet, damit die Regierung einen, wie sichs sehr bald zeigte, eingebildeten Vortheil auf Kosten des betrogenen Volkes erhalte; aber nachdem der Taumel vorüber war, und das erbärmliche Resultat Jedem unverkennbar vor Augen lag, erhob sich das öffentliche Urtheil wieder, und hielt eine scharfe Nachrechnung darüber, daß man es irre

5

geleitet hatte. Diese wenigen Fälle abgerechnet, wo eines einseitigen Vortheils wegen der öffentliche Credit gemißbraucht wurde, ist es unmöglich, daß beym gewöhnlichen Laufe der Dinge, und selbst auch bey außerordentlichen Fällen, die Einzelnen *im Ganzen genommen,* sich über den Grad des in die Gesammtheit des Staates, und ins besondere in die Regierung zu setzenden Zutrauens irren. Falsche Ansichten und irrige Meinungen, die man aus was immer für Gründen zu verbreiten und zu unterhalten strebt, verlieren hier ihren Einfluß; nicht darum, weil die Einzelnen den Irrthum einsehen; sie mögen vielleicht Alle das Vorgegebene für wahr halten; sondern darum, weil, ich möchte sagen, ein instinctartiges Vorgefühl sie warnt, sich in ihren Verhältnissen, im gemeinen Verkehr darnach zu richten; und hat die falsche Ansicht ja einen Einfluß, dient sie zur Basis gesetzlicher Anordnungen, so vermindert sie den öffentlichen Credit. So kann der öffentliche Credit mit dem Gefühle der Gesundheit und des Uebelbehagens beym Menschen verglichen werden, ein Gefühl, welches das Resultat des Zusammenstimmens der organischen Theile, der Leichtigkeit, mit der alle Lebens-Functionen vor sich gehen, oder ihrer Hemmung und Unterbrechung ist.

Ohne daß die Einzelnen in die Gesammtheit des Staates das Zutrauen setzen, daß er bestehen und fortdauern werde, ist kein Geld möglich. Man denke sich den Fall, daß dieses Zutrauen aufgehört habe, daß es gänzlich verschwunden sey, wo ist dann noch ein rechtlich anerkannter Besitz, Eigenthum und Vermögen? es mögen Güter für den nächsten Genuß, Gegenstände für die nächste Befriedigung der dringendsten Bedürfnisse vorhanden seyn; aber für den Menschen giebt es keine Zukunft mehr, da er sie von dem Puncte aus, auf dem er in der Gegenwart steht, nicht mehr bestimmen, itzt nicht wirken und thätig seyn kann für Etwas, das für ihn erst werden soll. Der Staat selbst ist mit dem Verschwinden dieses Zutrauens aufgelöst; wie kann hier noch vom Gelde die Rede seyn? - So ist also das Geld nicht etwas Fremdartiges, von Außen in den Staat Aufgenommenes; es ist eine Production der Gesammtheit des Staates, und die Bedingung, unter der es producirt wird, ist das allgemeine Zutrauen in den Staat, der *Staats-Credit.*

Daraus folgt von selbst, daß durch das Wort *Credit* etwas Höheres bezeichnet werde, als es in den untergeordneten Verhältnissen bedeute; nur erst in so ferne dieser höhere Credit vorhanden, und begründet ist, ist auch Privat-

Credit, nämlich der Gegensatz zwischen Gläubigern und Schuldnern, das Zutrauen, und die Versicherung möglich, daß der Gläubiger den bedungenen Gegenwerth erhalten werde. So enthält der Privat-Credit immer ein Element des öffentlichen. Itzt erst kann der Staat selbst im Gegensatze gegen einzelne Bürger in dem Verhältnisse des Schuldners zum Gläubiger erscheinen, und dann ist sein Credit dem Privat-Credit ähnlich. - Die circulirende Geldsumme ist mit dem aus den Uebergängen des transitorischen Capitals entstehenden Privat-Credit diesem Capitale entgegen gesetzt; *somit ist das Geld der in übertragbaren Zeichen dargestellte öffentliche Credit.* - Hieraus folgt weiter, daß der Privat-Credit den öffentlichen, nämlich das Geld supplire, und daß ersterer bey den Uebergängen des transitorischen Capitals nur da eintrete, wo der an Gelde sogleich zu entrichtende Gegenwerth im Vermögen des Schuldners nicht vorhanden ist; der Privat-Credit bezeichnet also einen Mangel im Vermögen des Schuldners, und das Mangelnde ist das Geld; denn hätte der Schuldner das Geld, und es wäre sein Eigenthum, so fiele der Grund weg, warum er eine Schuld contrahiren sollte.

Das Geld sowohl als die in Gelde ausgedrückten Forderungen erscheinen als bloße Quantitäten, in denen als solche keine Beziehung auf die Bedürfnisse und Zwecke der Menschen liegt. Aber das Geld und die Privat-Forderungen sind dem transitorischen Capitale gleich und entgegen gesetzt. Dieses Capital ist ein Inbegriff realer Producte, und so wie es itzt vorhanden ist, können durch dasselbe *nur diese* Bedürfnisse, in *diesem bestimmten* Grade, während *dieser bestimmten Zeit* befriediget werden; es ist also ein in Beziehung auf die menschlichen Bedürfnisse und Zwecke vollkommen bestimmtes, *reales* Quantum. Soll es, wie es itzt vorhanden ist, auf eine längere Zeit für die nämlichen Bedürfnisse hinreichen, so werden sie nur in einem mindern Grade befriediget; sollen sie in einem höhern Grade befriedigt werden, so reicht es nur auf eine kürzere Zeit; soll ein Theil desselben für andere Bedürfnisse und Zwecke verwendet werden, so muß er jenen entzogen werden, für die er bisher bestimmt war. Aber die verschiedenen und mannigfaltigen menschlichen Bedürfnisse und Zwecke können nicht unmittelbar auf einander bezogen, und mit einander verglichen werden, und so lange wir bey dieser Verschiedenheit und Mannigfaltigkeit stehen bleiben, ist es uns zwar möglich zu beurtheilen, in welchen Grade, und auf wie lange Zeit durch ein bestimmtes Object das

*2

Bedürfniß befriediget werde, dem es unmittelbar entspricht; aber dies ist noch keine Vergleichung der Objecte unter einander, die zur Befriedigung verschiedener Bedürfnisse bestimmt sind. Wenn man diese Vergleichung zwischen zwey Objecten anstellen will, so kann dies nur geschehen, indem man den Kreis der Bedürfnisse in Gedanken beschränkt, und voraussetzt, daß in einem je höhern Grade, und eine je längere Zeit hindurch das Bedürfniß *A*. befriediget werde, in einem desto mindern Grade, und während einer um so kürzern Zeit könne das Bedürfniß X. befriediget werden. Wird nun die Befriedigung des Bedürfnisses X. in einem bestimmten Grade, und während einer bestimmten Zeit = 1. gesetzt, und kann das Bedürfniß *A* nicht befriediget werden außer dadurch, daß die Befriedigung des Bedürfnißes X. entweder gänzlich unterbleibe, oder nicht im nämlichen Grade, oder nur während einer kürzern Zeit statt finden könne: so ist eine Beziehung zwischen *A* und *X* aufgefunden, und eine Vergleichung zwischen diesen beyden Bedürfnissen möglich. Die nämliche Beziehung findet nun zwischen den beyden Objecten statt, d. h. das Object, durch welches das Bedürfniß *A*. befriediget wird, ist nur in so ferne vorhanden, als das dem Bedürfnisse X. entsprechende Object nicht vorhanden ist, und umgekehrt. Ganz auf die nämliche Art wird mit der Befriedigung des Bedürfnisses X. die Befriedigung des Bedürfnisses *B,C,* u.s.w., und eben so die ihnen entsprechenden Objecte unter einander verglichen.

Der erste Zweck, den sich der Mensch vorsetzt, und der alle andern unter sich begreift, ist seine Erhaltung, die Fortdauer seiner Existenz; auf ihn bezieht er alles, und nur wenn seine Existenz auf eine *längere* Zeit gesichert ist, erwachen in ihm andere Bedürfnisse deren Befriedigung er sich zum Zwecke machen kann. Aber der Mensch kann nicht bestehen, wenn er nicht ein Quanthm *Urproducte* verzehrt; dieses Quantum ist durch seine Organisation, und das Klima des Erdstriches, wo er sich befindet, bestimmt; mangelt ihm dieses, so kann er nicht leben; es ist die unumgängliche Bedingung seiner Existenz, seiner Fortdauer. - Sind mehrere Menschen in dem Besitze eines Quantums Urproducte, wodurch ihre Existenz für eine längere Zeit gesichert ist, können sie mit Zuversicht auf die periodische Widerkehr der Urproducte rechnen: so wird das überschießende Quantum für sie unnütz, wenn es ihnen nicht dazu dient, sich von Andern Gegenstände zu verschaffen, die zur Erhaltung ihrer Existenz nicht unumgänglich nothwendig sind. Besäßen nun die

Andern schon ein zu ihrer Erhaltung hinreichendes Quantum Urproducte, so wäre jenes überschießende Quantum für sie ebenfalls unnütz. Da aber diese Urproducte zur Existenz der Andern unumgänglich nothwendig sind, mithin von ihnen verlangt werden; da für die ursprünglichen Besitzer der Urproducte das überschießende Quantum nur in so ferne nützlich seyn kann. als sie dafür Gegenstände erhalten, die zur Befriedigung ihrer übrigen Bedürfnisse dienen: so müssen jene, die das überschießende Quantum Urproducte verlangen, im Stande seyn, dafür an die ursprünglichen Besitzer desselben andere für sie nützliche Gegenstände abzutreten. Hier ist offenbar, daß die ursprünglichen Besitzer der Urproducte in dem überschiessenden Quantum an die Andern das Mittel abtreten., wodurch sie selbst während einer noch längern Zeit ihr Leben hätten fristen können. Das ganze vorhandene Quantum Urproducte, wenn bloß auf die ersteren gesehen wird, würde für sie auf eine längere Zeit hinreichen, als die Periode ist, nach deren Ablauf das nämliche Quantum wieder producirt seyn wird; indem sie einen Theil davon abtreten, beschränken sie für sich die Zeit auf diese Periode, und an die Andern gelangt ein solches Quantum Urproducte, daß sie während der nämlichen Periode ebenfalls existiren können. Der Beschränkung der Befriedigung der nothwendigsten Bedürfnisse auf eine *kürzere Zeit* auf einer Seite entspricht also auf der andern die Befriedigung eben dieser Bedürfnisse während der nämlichen Periode; diese letztere Befriedigung ist nur durch die vorangehende Beschränkung möglich, und nur durch sie wird es zugleich möglich, daß andere Bedürfnisse der ursprünglichen Besitzer der Urproducte befriediget werden.

Itzt kann die Befriedigung eines jeden andern Bedürfnisses, die Erreichung eines jeden Zweckes, in so ferne sie nur dadurch möglich sind, daß die Befriedigung der nothwendigsten Bedürfnisse irgendwo auf eine kürzere Zeit beschränkt werde, oder doch als beschränkt erscheine, mit der Befriedigung derselben während einer bestimmten Zeit verglichen werden. Die natürliche Periode, nach deren Ablauf die organischen, zur Erhaltung des menschlichen Lebens erforderlichen Urproducte wieder erscheinen, ist das Jahr. Wird nun das Quantum Urproducte, das ein Mensch im mittleren Durchschnitte während eines Jahres zur Erhaltung seines Lebens verbraucht, als *Einheit* geseszt: so hat man, in so ferne er sich auf die Befriedigung der nothwendigsten Bedürfnisse bezieht, einen *realen* Maßstab zur Bestimmung alles Größenwerthes, und alles Vermögens. Wir nennen ihn die *Werth-Einheit* im Gegensatze der bloß ideellen Geld-Einheit. Nur erst durch die Anwendung dieses Maaßstabes können wir uns einen deutlichen Begriff von dem Größenwerthe eines jeden Gegenstandes machen, indem wir zu bestimmen vermögen, auf wie lange Zeit er mittelbar oder unmittelbar hinreiche, das Leben eines oder mehrerer Menschen zu erhalten.

Durch diesen realen Maßstab soll das transitorische Capial gemessen werden, und in so ferne muß die Werth-Einheit selbst ein realer Theil dieses Capitals seyn. In dieser Rücksicht ist sie *jenes Quantum Urproducte, das ein Individuum der technischen Klasse im mittleren Durchschnitte während eines Jahres zur Befriedigung seiner nothwendigsten Bedürfnisse verbraucht;* denn das ganze auf ein Jahr zum Lebensunterhalte aller Individuen dieser Klasse erforderliche Quantum wird successiv in das transitorische Capital aufgenommen. Wie ein Quantum Urproducte von ihren ursprünglichen Besitzern an die technische Klasse kömmt, so wird in Beziehung auf die ersteren die Zeit verhältnißmäßig abgekürzt, für die das ganze Quantum vorhandener Urproducte zu ihrem Lebensunterhalte hingereicht hätte. Jeder, der für Geld was immer für andere reale Producte aus dem transitorischen Capitale empfängt, hätte dafür Urproducte bekommen, und mittels ihrer sein Leben eine bestimmte Zeit hindurch erhalten können; er empfängt also nur dadurch andere Producte, die er für seine übrigen Bedürfnisse und Zwecke verwenden kann, daß er die für ihn gegebene Möglichkeit der Befriedigung seiner nothwendigsten Bedürfnisse auf eine kürzere Zeit beschränkt.

Da Etwas nur in so ferne zum Vermögen gezählt wird, als es zur Befriedigung unserer Bedürfnisse, zur Erreichung menschlicher Zwecke dient; da aber bey allen Gegenständen, die das Vermögen ausmachen, nicht auf ihre Tauglichkeit zur Befriedigung bestimmter Bedürfnisse, zur Erreichung bestimmter Zwecke, also nicht auf ihren speciellen qualitativen Werth, sondern darauf gesehen wird, daß sie *überhaupt* zur Befriedigung menschlicher Bedürfnisse, zur Erreichung unserer Zwecke dienen, mithin darauf, daß ihnen überhaupt ein qualitativer, ein Real-Werth zukomme; da der Begriff des Realwerthes überhaupt in jenen des Größenwerthes übergeht, und dieser sich in eine bloße Quantität auflößt, wenn in ihn nicht eine Beziehung auf menschliche Bedürfnisse aufgenommen wird; da also die Größe des einem Gegenstande zukommenden Werthes nur dadurch erkannt wird, daß man bestimme, wie lange ein Mensch, oder mehrere Menschen mittels dieses Gegenstandes ihre nothwendigsten Bedürfnisse befriedigen, ihr Leben fristen können: so ist die angegebene Werth-Einheit auch der *reale* Maßstab alles Vermögens, und nur erst dann, wenn das einer bestimmten Geldsumme gleich gesetzte Vermögen noch durch diese Einheit gemessen wird, erlangt man einen deutlichen Begriff von seiner Größe; es ist itzt positiv, nicht bloß relativ bestimmt; denn man weiß, nicht nur, in welchem Verhältnisse der Besitzer dieser Gegenstände vermögender und reicher ist, als ein Anderer, sondern was er durch den Besitz dieser Gegenstände, die sein Vermögen ausmachen, wirklich *vermag*. Wenn das Vermögen des Titus 10,000 Thalern gleichgesetzt wird, so weiß man zwar, daß es noch einmal so groß sey, als das Vermögen des Cajus, das nur 5,000 Thaler ausmacht; aber man weiß nicht, was unter den gegenwärtigen Umständen, in der Lage in der sie sich befinden, jeder wirklich vermag. Weiß man dagegen, daß das Quantum Lebensmittel, das ein Mensch während eines Jahres im mittleren Durchschnitte verzehrt, auf 20 Thaler angeschlagen wird: so ist zugleich auch gegeben, daß das Vermögen des Titus einem Quantum Lebensmittel gleich komme, das zum nothwendigsten Lebensunterhalte von 500 Personen auf ein Jahr hinreicht; man weiß itzt, was Titus und Cajus wirklich *vermögen*. Würde dagegen die nämliche unveränderte reale Werth-Einheit auf 40 Thaler angeschlagen, so würde Jeder nur halb so viel vermögen; ihr Vermögen,obgleich es durch die nämlichen Geldsummen ausgedrückt wird, wäre sodann nur die Hälfte. - So ist also die Geld-Einheit der Werth-Einheit entgegen gesetzt, und erstere muß beständig auf die letztere bezogen werden; nur durch diese Beziehung, durch das Verhältniß, in dem die Geld-Einheit zur Werth-Einheit steht, erhält sie eine reale Bedeutung, eine mittelbare Beziehung auf die menschlichen Bedürfnisse und Zwecke, und *wird* ein realer Vermögensmesser. Aber das Verhältniß der Geld-Einheit zur Werth-Einheit ist wandelbar; darum ist erstere ein veränderlicher Maßstab des Vermögens, da hingegen letztere als unveränderlich gesetzt wird. - Wir sagen nicht daß die Werth-Einheit als ein Quantum zum Lebensunterhalte eines Menschen auf ein Jahr erforderlicher Urproducte, an sich unveränderlich sey; denn es ist möglich, daß ein Volk, welches itzt ein geringes Quantum schlechter Lebensmittel verzehrt, nach und nach dahin komme, bessere und reichlichere Nahrungsmittel zu haben; aber dies geschieht nicht so schnell, wie man sich wohl einbilden möchte, und hiezu wird eine lange Reyhe von Jahren erfordert; sodann ist dennoch das, was in diesem Quantum Urproducte den eigentlichen Vermögensmesser ausmacht, nämlich die Zeit, *das Jahr*, als eine von der Natur selbst bestimmte Periode, wirklich unveränderlich. (5)

Der Größenwerth des transitorischen Capitals muß also nicht nur in Gelde, sondern auch in Werth-Einheiten berechnet und angegeben werden. Man hat schon längst eingesehen, daß die Berechnungen der sowohl im Privat- als National-Vermögen begriffenen Gegenstände in Gelde nur bloße quantitative Verhältnisse ohne alles Positive anzeigen, und daß man, um dieses zu finden, nicht beym Gelde, und den durch die Geldberechnungen ausgedrückten Verhältnissen stehen bleiben dürfe. Was als das allen Geldberechnungen zu Grunde liegende Positive anzunehmen sey, darüber hat man sich bis itzt weder in der Theorie, und noch viel weniger in der Praxis vereinigen können; ja von der letztern kann man sagen, daß sie sich noch kaum zu der Einsicht erhoben, und es als Grundsatz anerkannt habe, daß es über den Geldberechnungen etwas Höheres gebe, worauf sie zu beziehen sind. Die von uns angegebene Werth-Einheit ist dieses Positive; es wäre uns leicht den Beweis zu führen, daß andere vorgeschlagene reale Vermögensmesser, wie die gemeine Tagesarbeit, oder ein gewisses Maß Brodkorn es nur in so ferne seyen, als sie auf das Quantum Urproducte, das ein Mensch während eines Jahres zu seinem Lebensunterhalte verbraucht, reducirt werden können, daß ihnen aber jene Eigenschaften mangeln, die ein allgemeiner Maßstab, nicht nur des Vermögens der Einzelnen, sondern auch des gesammten National-Vermögens haben muß. - Denkt man sich das transitorische Capital in einer Summe dieser Werth-Einheiten angegeben: so hat man auch, da ein diesem Capitale gleich kommender Werth während einer bestimmten Periode vollkommen verzehrt und verbraucht wird, die Summe der während derselben aufgegangenen Werth-Einheiten; da ferner diese Perode in einem bestimmten Verhältnisse zum Jahre steht, so kennt man auch den Totalwerth, der während eines Jahres von der ganzen Nation verzehrt und verbraucht, und successiv aus dem transitorischen Capital ersetzt wird. - Die Größe alles Vermögens kann nur dadurch positiv bestimmt werden, daß man erforsche und angebe, wie vielen Werth-Einheiten es gleich zu setzen sey; das nämliche gilt von dem gesammten National-Vermögen. Nun wird man leicht einsehen, daß die Summe der Werth-Einheiten, der das transitorische Capital gleich zu setzen ist, die Periode, während welcher ein ihm gleich kommender, und aus ihm beständig zu ersetzender Werth consumirt wird, sodann die Summe des circulirenden Geldes, und die Summe der aus den Uebergängen des gedachten Capitals entstehenden Privat-Forderungen mit der Größe des National-Vermögens im genauesten Zusammenhange stehen; aber es würde mich zu weit führen, wenn ieh zeigen wollte, wie jeder dieser Gegenstände auf die Größe des National-Vermögens einfließt; um indessen einiges auszuheben, was mit dem Gegenstande dieser Schrift in der nächsten Verbindung steht, setze ich folgende Betrachtung her:

1.) Je mehreren Werth-Einheiten das transitorische Capital gleichkömmt, desto größer sind auch in Werth-Einheiten berechnet die Summe des circulirenden Geldes, und die aus den Uebergängen dieses Capitals entstehenden Privat-Forderungen; *wenn sonach die Summe des circulirenden Geldes vermehrt wird, und die Privat-Forderungen einer größern Geldsumme gleich kommen, so hat dies nur in so ferne Einfluß auf den positiven Größenwerth des transitorischen Capitals, als durch eine größere Geldsumme auch eine größere Anzahl Werth-Einheiten ausgedrückt wird; das nämliche gilt von der Verminderung der circulirenden Geldsumme, u. s. w.*

2.) Sowohl das Geld, als die auf das transitorische Capital gehenden, wie die aus seinen Uebergängen entstehenden Forderungen sind in dem Vermögen der vier Klassen als Consumenten enthalten, und an ihre Stelle geht von den drey producirenden Klassen an die Geldbesitzer und die Inhaber dieser Forderungen das transitorische Capital über; *je größer demnach die Anzahl der Werth-Einheiten ist, der das transitorische Capital gleichkömmt, desto größer ist seinem positiven Werthe nach jener Bestandtheil des Vermögens, der bey sämmtlichen vier Klassen bald als Geld, oder als Forderung, die auf das transitorische Capital geht, oder aus seinen Uebergängen entsteht, bald wieder als transistorisches Capital vorhanden ist.*

3.) Ein dem transitorischen Capital gleich kommender Werth wird während einer bestimmten Periode verzehrt und verbraucht; dieser Zeitraum

6

steht zu dem *Jahre,* der von *der Natur* bestimmten Periode, nach deren Ablauf eben dieselben organischen Urproducte in ihrer ursprünglichen Form wieder vorhanden sind, in einem gewissen Verhältnisse; er ist nämlich ein Theil, oder ein Vielfaches des Jahres, der vierte, der dritte Theil, die Hälfte desselben, oder ein, zwey Jahre. Aus der Vergleichung dieser Periode mit dem Jahre ergiebt sich der während eines Jahres consumirte, und aus dem transitorischen Capitale successiv zu ersetzende Werth. *Somit ist dieser letztere Werth in gradem Verhältniß des positiven Werthes des transitorischen Capitals, und im umgekehrten der Periode, während welcher ein dem transitorischen Capitale gleicher Werth verzehrt wird; d. h. je größer der positive Werth des transitorischen Capitals, und je kleiner diese Periode ist, desto größer ist der Werth, der während eines Jahres consumirt, und aus gedachtem Capitale wieder ersetzt wird.*

4.) Nach Ablauf der Periode, während welcher ein dem transitorischen Capital gleich kommender und aus ihm ersetzter Werth consumirt wird, sind zwischen den vier Klassen der Nation in Betreff des Geldes, der Forderungen, und des transitorischen Capitals wieder vollkommen die nämlichen Verhältnisse eingetreten, wie sie zu Anfang derselben waren; das Vermögen einer jeden Klasse ist nun wieder in den nämlichen Bestandtheilen vorhanden; es hat eine vollständige Geldcirculation statt gehabt; je kleiner diese Periode ist, desto mehrere Geldcirculationen werden während eines Jahres vollendet, desto größer ist die Geschwindigkeit einer Circulation. *Daher ist der während eines Jahres consumirte, und aus dem transitorischen Capital ersetzte Werth in geradem znsammengesetzten Verhältniß des positiven Werths dieses Capitals, und der Circulations-Geschwindigkeit.*

5.) Jenes Quantum Urproducte, das zum Lebensunterhalte während eines Jahres für alle Individuen der Nation dient, und von ihnen verzehrt wird, muß auch jährlich producirt und gewonnen werden; wären für einen Theil des Volkes keine Lebensmittel vorhanden, so könnte er nicht existiren; dieses Quantum ist also eine Größe, die genau mit der Bevölkerung zu- und abnimmt. Im transitorischen Capital muß successiv das Quantum Urproducte vorhanden seyn, das zum Lebensunterhalte der technischen, commerciellen und politischen Klasse dient; es kann auch einen Theil der Lebensmittel enthalten, die von den Urproducenten verzehrt werden. Ist die Periode, während welcher ein dem transitorischen Capital gleichkommender Werth consumirt wird, kleiner als ein Jahr; so enthält es ein verhältnißmäßiges Quantum Lebensmittel für die technische, commercielle und politische Klasse, so wie für eine gewisse Anzahl Urproducenten, welches einer bestimmten Summe Werth-Einheiten gleich kömmt. Wird vom ganzen transitorischen Capitale diese Summe Werth-Einheiten abgezogen, so hat man den positiven Werth der in ihm enthaltenen andern Urproducte, und der Producte der technischen und commerciellen Klasse. Hieraus ergeben sich nun folgende nächste Bedingungen, unter denen das transitorische Capital seinem positiven Werthe nach eines Zuwachses fähig ist:

a.) wenn die Anzahl der Individuen der technischen, commerciellen und politischen Klasse zunimmt; denn für eine größere Anzahl dieser Individuen wird ein verhältnißmäßig größeres Quantum Lebensmittel erfordert, und dies ist nothwendig im transitorischen Capital enthalten; sodann muß in den Producten der technischen und commerciellen Klasse diesem größern Quantum Lebensmittel auch ein verhältnißmäßig größerer im transitorischen Capitale begriffener positiver Werth entsprechen;

b.) wenn ein größeres Quantum von den Urproducenten zu verzehrender Lebensmittel in dieses Capital aufgenommen wird, welches geschieht, wenn diese Lebensmittel mittels der commerciellen Producenten an die consumirenden Urproducten gelangen;

c.) wenn ein größeres Quantum anderer Urproducte und technischer Producte durch die commerciellen Producenten unter die anderen Klassen vertheilt wird, welche sie sonst unmittelbar von einander erhielen, oder die von einer Abtheilung derselben Klasse unmittelbar an andere Abtheilungen kamen.

Es versteht sich von selbst, daß unter den entgegen gesetzten Bedingungen das transitorische Capital abnehme, die Summe seines positiven Werthes vermindert werde.

*2

6.) Das transitorische Capital enthält einen Bestandtheil, der, vorausgesetzt daß die nämliche Znzahl Individuen fort bestehen soll, absolut vorhanden seyn müßte, wenn er auch in ihm nicht enthalten wäre, wenn dieses Capital gar nicht existirte; es ist das in ihm enthaltene Quantum Lebensmittel, in so ferne von ihrer besondern Qualität abstrahirt, und nur auf die Zeit gesehen wird, für die es hinreicht; es enthält andere Bestandtheile, die gar nicht vorhanden seyn können, als in so ferne sie in ihm enthalten sind, und noch andere, die ohne dieses Capital nicht existiren, aber in ihm begriffen, oder auch nicht begiffen seyn können. Wenn somit das transitorische Capital vermindert wird, so geschieht dies dadurch,

a.) daß aus ihm Gegenstände verschwinden, die zwar ohne dasselbe nicht vorhanden sind, aber in ihm begriffen, oder nicht begriffen seyn können;

b.) daß Gegenstände nicht mehr producirt werden, die ohne transitorisches Capital nicht zur Existenz gelangen;

c.) daß endlich auch jene Gegenstände, die absolut vorhanden seyn müssen, in ihm nicht mehr enthalten sind.

Wir haben das transitorische Capital in seiner Beziehung auf die Periode, während welcher ein ihm gleichcher Werth consumirt und aus ihm ersetzt wird, und die natürliche Periode, das Jahr betrachtet; wir haben die nächsten Bedingungen aufgesucht, unter denen es, und sein positiver Werth vermehrt und vermindert wird. Das Geld als ein Ideelles, ist ein beständig zu Realisirendes, und das, worin es realisirt wird, ist der positive Werth dieses Capitals; somit wird der positive Werth des Geldes, das ihm in der Wirklichkeit Entsprechende beständig durch das transitorische Capital bestimmt, und das Geld hat keinen andern positiven Werth, als den, der auf dasselbe von diesem Capital übertragen wird. Aber die Vermehrung und Verminderung der circulirenden Geldsumme ist selbst wieder eine der Bedingungen, die den positiven Werth des transitorischen Capitals, seine Ab- und Zunahme bestimmen; es sollte daher noch der Einfluß untersucht werden, den die Veränderungen der circulirenden Geldsumme auf das transitorische Capital äußern; aber diese Untersuchungen würden uns auf ein noch unbekanntes Feld, auf das Gebieth der höhern *politischen Arithmetik* führen, die alle in der National-

Oeconomie vorkommenden Quantitäten als reine Zeitverhältnisse auffaßt und behandelt, und hier würden wir uns ohne Berechnungen nicht zurecht finden; da ich aber in den Text dieser Schrift keine Rechnungen aufnehmen will, so führe ich im Allgemeinen nur Folgendes an:

1.) Der positive Werth des transitorischen Capitals wird nur vermehrt, wenn in dasselbe eine größere Quantität Lebensmittel für eine größere Anzahl Individuen, und ein einer größeren Summe Werth-Einheiten gleich kommendes Quantum Urproducte aufgenommen wird; im entgegen gesetzten Falle wird der positive Werth dieses Capitals vermindert. Somit bewirkt die Vermehrung der circulirenden Geldsumme nur alsdann einen Zuwachs des positiven Werthes des transitorischen Capitals, wenn sie die Veranlassung ist, daß ein nach Werth-Einheiten berechnetes größeres Quantum Lebensmittel und anderer Urproducte in dasselbe aufgenommen wird; *die Vermehrung der circulirenden Geldsumme bewirkt daher für sich allein keinen Zuwachs des positiven Werthes dieses Capitals,* weil Hindernisse vorhanden seyn können, die jeder Vermehrung des im transitorischen Capitale vorhandenen Quantums Lebensmittel und anderer Urproducte im Wege stehen.

2.) *Die Verminderung der circulirenden Geldsumme bewirkt schon für sich allein eine Abnahme des positiven Werthes des transitorischen Capitals.* Sollte das transitorische Capital seinem positiven Werthe nach keine Abnahme erleiden, so müßte gleichzeitig und in eben dem Verhältniß, in dem die Geldsumme vermindert wird, der Geldpreis aller im transitorischen Capitale vorhandenen Gegenstände, somit auch der Geldpreis der Werth-Einheit kleiner werden; nur unter dieser Bedingung bliebe der positive Werth des transitorischen Capitals unverändert. Aber eben diese gleichzeitige und verhältnißmäßige Verminderung des Geldpreises aller Gegenstände findet nicht statt; sie wird durch die Reaction der Privat-Oeconomie gegen die National-Oeconomie verhindert. Denn das in der ersteren obwaltende Interesse reducirt sich darauf, daß immer eine größere Summe Geldes eingenommen werde; dieses Streben der Einzelnen in ihren Verhältnissen kann nicht gehemmt werden, und hat einen entscheidenden Einfluß auf den Zustand der gesammten Oeconomie einer Nation. Nun giebt es in den verschiedenen öconomischen

Klassen gewisse Abtheilungen, die gegen andere Abtheilungen derselben und anderer Klassen in einer solchen Lage sind, daß ihr Bestreben, eine größere Summe Geldes an sich zu ziehen, *vorerst* nur durch die Quantität der circulirenden Geldsumme, und durch die Circulations-Periode beschränkt wird. Diese Beschränkung erscheint auf dem Standpuncte der Gewerbe der producirenden Klassen als *Concurrenz der Käufer und Verkäufer.* Gedachte Abtheilungen werden also die nämliche Summe Geldes, wie vorhin erhalten, und eben darum, da die circulirende Geldsumme vermindert ist, vertheilt sich eine kleinere Summe Geldes unter die übrigen Abtheilungen. Wird also Klasse gegen Klasse gehalten, so folgt unmittelbar, daß während der nämlichen Periode eine kleinere Summe Geldes an jede gelange, und von ihr wieder zurückkehre. Nun findet sich das im transitorischen Capital vorhandene Quantum Lebensmittel und anderer Urproducte ursprünglich bey den Urproducenten, und der Geldpreis der Werth-Einheit, so wie der andern Urproducte ist ein bestimmter, bestimmt durch alle bisherigen Verhältnisse, die mit alleiniger Ausnahme der verminderten Geldsumme noch alle fortbestehen; diese Verhältnisse erlauben den Urproducenten nicht, den Preis der Lebensmittel und anderen Urproducten sogleich herunter zu setzen; vielmehr streben sie einen noch größern Preis zu erhalten. Bestehen sie aber auf dem nämlichen Preise, wie sie dazu gezwungen sind, so folgt, daß für die kleinere Geldsumme, die nunmehr an sie gelangt, nur ein kleinerer positiver Werth in das transitorische Capital aufgenommen werde. Ist eine Klasse sogar in der Lage, daß sie willkührlich bestimmen kann, was für eine Summe Geldes während einer gewissen Periode, an sie kommen soll, wie dies mit der politischen der Fall ist; so ist die Wirkung, die die Verminderung der circulirenden Geldsumme hervorbringt, noch auffallender, indem nicht darauf gerechnet werden darf, daß die Individuen dieser Klasse ihren Privat-Vortheil, der ebenfalls darin besteht, von den producirenden Klassen eine immer größere Summe Geldes an sich zu ziehen, je aus den Augen lassen werden.

3.) *Wenn alle übrigen Bedingungen zur positiven Vermehrung des transitorischen Capitals gegeben sind, und es fehlt die eine, nämlich die Ver-*

mehrung der circulirenden Geldsumme, so wird das transitorische Capital nicht positiv vermehrt. Somit ist die Vermehrung der circulirenden Geldsumme eine unumgängliche Begingung der positiven nach Werth-Einheiten zu bestimmenden Zuwachses des transitorischen Capitals. Dieser Satz ist für die ganze National-Oeconomie, und insbesondere für die Staatswirthschaft äußerst wichtig und entscheidend. - In dem Momente, in dem die Geldsumme vermehrt wird, und eine größere Summe in die Circulation übergeht, ist die Total-Production der drey producirenden Klassen nicht um das mindeste vermehrt; es ist im ganzen Gebiethe der Nation kein größeres Quantum weder an Lebensmitteln, noch andern Urproducten, noch technischen Producten vorhanden; im nämlichen Momente existirt aber ein einer bestimmten Anzahl Werth-Einheiten, so wie einer bestimmten Summe Geld-Einheiten gleich kommendes transitorisches Capital. Aber in ihm ist nicht das ganze Quantum vorhandener beweglicher materieller Producte enthalten; es existirt neben ihm noch ein bewegliches materielles Capital, das ebenfalls periodisch reproducirt und consumirt wird. Die Vermehrung der circulirenden Geldsumme, indem ihr vorerst noch keine reale Vermehrung der Total-Production entspricht, kann daher nur in so ferne einen positiven Zuwachs des transitorischen Capitals bewirken, als dadurch, daß eine größere Summe Geldes in die Circulation kömmt, aus dem übrigen beweglichen materiellen Capitale ein größeres Quantum Gegenstände in das transitorische Capital aufgenommen, mithin auf diese Art sein positiver Werth vermehrt wird. Dieser Umstand äußert sich vom Standpuncte der Gewerbe der producirenden Klassen betrachtet, als *durchgängig größere Nachfrage.* Wenn also die Vermehrung der circulirenden Geldsumme die unumgängliche Bedingung eines positiven Zuwachses des transitorischen Capitals ist: so muß gezeigt werden, daß ohne sie aus dem übrigens vorhandenen beweglichen materiellen Capitale keine Gegenstände in das transitorische aufgenommen und in ihm erhalten werden können; oder, wenn dies auf der einen Seite geschieht, auf der andern wieder ein eben so großer Werth aus ihm verschwinde, und wenigstens in das bewegliche materielle Capital zurück falle. - So wie das transitorische Capital während einer bestimmten Periode von den drey producirenden Klassen an sämmtliche Consumenten übergeht, so wird auch während der nämlichen Zeit ein ihm gleicher Werth verzehrt und verbraucht. Nun ist dieses Capital, so wie der während gedachter Periode consumirte Werth einer bestimmten Geldsumme gleich, woraus folgt, daß der Geldpreis der Werth-Einheit, so wie jedes andern im transitorischen Capital enthaltenen Gegenstandes vollkommen bestimmt sey. Sämmtliche Bedingungen also, unter denen außer der Vermehrung der circulirenden Geldsumme, das transitorische Capital an positiven Werthe einen Zuwachs erhalten würde, reduciren sich darauf, daß der Geldpreis der Werth-Einheit, und in Folge dessen der Geldpreis aller übrigen in diesem Capitale vorhandenen Gegenstände vermindert, und für die itzt überschießende Geldsumme ein verhältnißmäßiger positiver Werth an andern bloß im materiellen beweglichen Capital enthaltenen Gegenstanden in das transitorische aufgenommen werde. Aber der Verminderung dieser Geldpreise setzt sich das Interesse der Einzelnen, die Nothwendigkeit, überhaupt zu consumiren, und ihre Begierde zu genießen entgegen. Wenn daher einige, in dieser Rüchsicht Unternehmer productiver Gewerbe, ihren gegenwärtigen Genuß beschränken, d. h. die Geldausgaben, die sie bisher für ihre unmittelbaren Bedürfnisse machten, vermindern, und ihre productiven Ausgaben, zur Erweiterung und Vervollkommnung ihrer Gewerbe erhöhen: so hat dies in Beziehung auf das transitorische Capital nachstehende Folgen. In so ferne die Gegenstände, welche sie vorher für ihre unmittelbaren Bedürfnisse verwendeten, und die Gegenstände, die sie sich itzt zum productiven Gebrauche verschaffen, im transitorischen Capital enthalten sind, erhalten sie aus ihm nur den nämlichen positiven Werth, aber in anderen Gegenständen; die ersteren, die sonst an sie gekommen wären, kommen itzt an Andere, so wie die letzteren, die sonst an Andere übergegangen wären, nunmehr an sie gelangen; hierdurch wird also der positive Werth des transitorischen Capitals lediglich um nichts vermehrt. Wenn weder die ersteren noch die letzteren Gegenstände in diesem Capitale enthalten waren, so kann auch weder von einer Vermehrung noch Verminderung seines positiven Werthes die Rede seyn. Waren die ersteren Gegenstände, aber nicht die letzteren darin enthalten, so verschwindet der positive Werth der ersteren daraus, und an seine Stelle kömmt der positive Werth der letzteren; denn (was überhaupt zu bemerken ist) die Gegenstände, die diese Unternehmer nun nicht mehr für ihre unmittelbaren Bedürfnisse verlangen, kommen zu den Gegenständen der nämlichen Art, die unter alle Uebrigen vertheilt werden, hinzu; aber diese haben itzt keine größere Summe Geldes für dieses größere Quantum zu geben; ihr Geldpreis wird somit vermindert, und da der Geldpreis der Werth-Einheit der nämliche geblieben ist, so ist auch ihr positiver Werth um eben so viel vermindert worden; eben so wurde der Geldpreis der andern, nun von diesen Unternehmern productiv zu verwendender Gegenstände, so wie ihr positiver Werth aus dem entgegengesetzten Grunde erhöhet. Im Ganzen genommen erhält also das transitorische Capital an positivem Werthe dadurch keinen Zuwachs, daß von Einzelnen ein größerer Werth productiv, und ein kleinerer für unmittelbare Bedürfnisse (steril) verwendet wird. - Aber man möchte glauben, daß durch die itzt vermehrte Production das transitorische Capital an positivem Werthe gewinne. Auch dies ist nicht möglich; denn nun treten diese Producenten mit ihrem größeren Quantum Producte mit allen übrigen in Concurrenz; an alle zusammen kann aber von den Consumenten dennoch nur die nämliche Geldsumme gelangen, und da der Geldpreis der Werth-Einheit unverändert geblieben ist, so verlieren die Producte der übrigen Producenten genau so viel an positivem Werthe, als das nunmehr größere Quantum der Producte der ersteren hieran gewinnt. - Wir sind itzt in unseren Folgerungen auf einen Satz gekommen, dessen wir schon erwähnten, nämlich darauf, daß bey gleich bleibender circulirender Geldsumme, (und, wie es sich versteht, bey gleich bleibendem Geldwerthe der aus den Uebergängen des transitorischen Capitals entstehenden Forderungen) der positive Werth des transitorischen Capitals nur dann zunehme, wenn der Geldpreis der Werth-Einheit vermindert wird. Es entsteht also die Frage, ob auf diese Verminderung des Geldpreises der Werth-Einheit gerechnet, ob sie vorausgesetzt werden dürfe? Das erste Hinderniß, das sich ihr entgegen setzt, ist das Privat-Interesse der Urproducenten, deren Streben natürlich dahin geht, für die Urproducte nicht eine kleinere, sondern eine größere Summe Geldes zu erhalten; das andere Hinderniß sind die Verhältnisse der Urproducenten zu den andern Klassen, durch welche bestimmt wird, daß bey dieser gegebenen Urproduction der Geldpreis der Werth-Einheit und anderer Urproducte dieser seyn müsse, und kein anderer seyn könne, wenn die Urproduction selbst nicht vermindert werden soll. Nur durch künstliche und gewaltsame Mittel kann also der Geldpreis der Werth-Einheit herunter gebracht werden; aber dann wird die Urproduction selbst vermindert; und so stehen wir an der Gränze aller National-Oeconomie, indem durch diese Verminderung die Hauptbedingung aller gesellschaftlichen und menschlichen Existenz vermindert wird.

Wenn gefragt wird, was ist als Geld anzusehen, so ist die Antwort: *Alles dasjenige ist eigentliches, wahres Geld, das nebst den aus den Uebergängen des transitorischen Capitals entstandenen Privat-Forderungen diesem Capitale entgegen gesetzt ist, und dem in demselben ein positiver Werth entpricht.* Hier haben wir einen Grundsatz, der uns dazu dient, die verschiedenen Arten des Geldes aufzusuchen, und nach ihm finden wir folgende:

1.) Die *Gold- und Silbermünzen,* wie *Gold und Silber* in Barren, so lange sie nämlich im Handel umlaufen;

2.) Das s. g. *Staats-Credit-Geld,* die Staats-Banknoten, und die Scheidemünze;

3.) Die *vom Staate ausgestellten Schuldscheine,* sobald sie im gemeinen Verkehr an Zahlungsstatt gegeben und empfangen werden;

4.) Die unter der Autorität des Staates von Besitzern liegender Gründe ausgestellten *Pfandpriefe,* wenn sie im Handel und Wandel an Zahlungsstatt gegeben und angenommen werden;

5.) Die von den Inhabern von Privat-Zettelbanken ausgestellten und umlaufenden *Banknoten,* in so ferne sie die in der Bank-Kasse an Metallgelde, circulirenden Staatspapieren und Pfandbriefen vorräthige Summe übersteigen. (6)

Man wird die Geld-Eigenschaft der genannten Objecte nicht in Zweifel ziehen, wenn man bedenkt, daß sie ihnen nur dann zukomme, wenn ihnen ein positiver Gegenwerth im transitorischen Capital entspricht. Aber wir haben das Geld als eine Emanation des Staates, als den in übertragbaren Zeichen ausgedrückten öffentlichen Credit erklärt, und nun sind einige dieser Objecte offenbar nur Geschöpfe des Privat-Credits, wie die Pfandbriefe, und die Privat-Bankzettel, und andere, obgleich Emanationen des öffentlichen Credits, nämlich die Staatsschuldscheine, sind ursprünglich nicht bestimmt, in die Circulation überzugehen. Wie soll dieser Widerspruch gelößt werden?

1.) Ich will zuerst von den Privat-Bankzetteln reden, indem an ihnen die Geld-Eigenschaft, die ihr ganzes Wesen ausmacht, am auffallendsten gezeigt werden kann. - Privat-Zettelbanken entstehen und erhalten sich nur dann, wenn , wie man sich ausdrückt, Circulations-Mittel, Ausgleichungs-Vehikel fehlen. Dieser Umstand beweißt ein allgemeines, durchgängiges Streben der Nation, in das transitorische Capital einen immern größern positiven Werth aufzunehmen; er beweißt, daß die Nation es wenigstens fühle, wenn sie sich gleich dessen nach Gründen nicht deutlich bewußt ist, daß die Größe des National-Vermögens, und der Grad des National-Wohlstandes nur von dem positiven Werthe des transitorischen Capitals abhange, daß dieser Werth durch die Verminderung des Geldpreises der Werth-Einheit nicht vermehrt werden könne, daß also zu seiner Vermehrung eine größere nach Geld-Einheiten bestimmte Summe Circulations-Mittel erforderlich sey. Da diese größere Summe weder von der Regierung noch auf eine andere Art geschaffen wird, so finden Einzelne darin einen Gewinn, der Nation die fehlende Summe Circulations-Mittel zu verschaffen, und dies ist die Veranlassung der Privat-Zettelbanken. Die Unternehmer stellen nämlich für eine weit größere Summe Bankzettel aus, und bringen sie in Umlauf, als die Summe an Gold und Silber ist, die sie in ihrer Kasse vorräthig halten, um die von Zeit zu Zeit präsentirten Bankzettel einzulösen. Um diesen Ueberschuß ist die Summe der Circulations-Mittel vermehrt worden. Nun werden zwar diese Zettel bloß auf den Credit der Bank angenommen, indem vorausgesetzt wird, daß sie bey der Präsentation sogleich gegen Gold und Silber eingewechselt werden. Aber dies ist nicht der Umstand, den wir hier vor Augen haben. - Die über die vorräthige Summe Goldes und Silbers ausgestellten Zettel erhalten sich in der Circulation; geschieht dies nicht, so kann auch die Bank nicht bestehen; aber sie erhalten sich nicht in der Circulation, wenn ihnen

*2

nicht im transitorischen Capitale ein gleicher Werth entspricht, und dieser Werth wäre in ihm ohne die überschießende Summe Bankzettel nicht vorhanden. Obgleich der Privat-Credit der Unternehmer der Grund war, warum ihre Bankzettel in die Circulation aufgenommen wurden: so ist doch dieser Privat-Credit nicht mehr der Grund, warum sie sich darin enthalten; er ist ein ganz anderer, er liegt in den gegenwärtigen öconomischen Verhältnissen der Nation, und ins besondere im transitorischen Capital; aber dieses Capital ist selbst nur unter der Voraussetzung eines rechtlichen Zustandes, eines allgemeinen Zutrauens in den Staat und seine Fortdauer, als nur durch den *öffentlichen Credit* möglich. Somit könnte die überschießende Summe Circulationsmittel, die durch Privat-Banken in den Umlauf kömmt, eben so gut vom Staate selbst emittirt werden, da von ihm, von der Gesammtheit der Nation, und nicht von diesen Privat-Unternehmern die Bedingung ausgeht, durch welche sie in der Circulation erhalten werden, durch welche ihnen ein positiver Werth im transitorischen Capital entspricht. Der Privat-Credit, durch den diese Bankzettel in den Umlauf kommen, ist also eine Usurpation des öffentlichen Credits, wodurch geschaffen wird, was der Staat zu schaffen vernachläßiget. - Ein dem transitorischen Capitale gleich kommender Werth wird während der Circulations-Periode von der ganzen Nation consumirt, und aus ihm wieder ersetzt. Sind Privat-Bankzettel in Umlauf gekommen, so wurde der Geldwerth desselben um den ganzen Betrag erhöhet, um den sie die in der Bank-Kasse an Gold und Silber zurück gelegte Summe übersteigen; es ist daher in das transitorischen Capital ein verhaltnißmäßiger positiver Werth aufgenommen worden, der vorhin in ihm nicht enthalten war, und er ist dem Werthe zugewachsen der periodisch von der ganzen Nation consumirt, und aus ihm in der namlichen Zeit wieder ersetzt wird. Aber dieser Werth ist nicht in jenem Theile des transitorischen Capitals begriffen, aus dessen Uebergängen Privat-Forderungen entstehen, sondern im andern, wofür der Gegenwerth als sogleich erstattet und empfangen angesehen wird, mithin in jenem Theile, der für Geld übergeht. Denn die Bankzettel werden nicht als Documente einer künftig in Gelde einzuhebenden Forderung, sondern als sogleich umsetzbare, und in Gegenständen des transitorischen Capitals zu realisirende Tauschmittel gegeben und empfangen; sodann wird der Theil dieses Capitals, der eigentlich auf Privat-Credit gegeben wird, und aus dessen Uebergängen bestimmten Personen gegen andere bestimmte Personen zustehende Forderungen entstehen, oder vielmehr ein ihm gleicher Werth während der Circulations-Periode von den Eigenthümern des Productions-Fonds, des transitorischen Capitals und des Geldes als Capitalgewinn und Geldzins consumirt. Aber jener Werth, der im transitorischen Capitale den Banknoten entspricht, wird während der Circulations-Periode unter alle jene Consumenten vertheilt, an die das transitorische Caplital gelangt, und an die Inhaber der Bank kömmt wegen dieser Unternehmung nur der gewöhnliche Zins für jene Summe an Banknoten, welche das in der Kasse zurück behaltene Gold und Silber übersteigt.

2.) Die von Eigenthümern liegender Gründe ausgestellten Pfandbriefe kommen unter der nämlichen Bedingung, welcher die Privat-Bankzettel ihre Existenz verdanken, als Circulations-Mittel in die Circulation, und von ihnen gilt in dieser Hinsicht alles, was von jenen gesagt wurde. Der Grund, warum sie in die Circulation übergehen, ist die in ihnen enthaltene Hypotheke auf ein bestimmtes Grund-Eigenthum, mithin der Privat-Credit der ausstellenden Grundbesitzer; der Grund, warum sie sich in ihr erhalten, ist der Zuwachs des positiven, oder des Geld-Werthes des transitorischen Capitals; ihnen entspricht also ein Theil dieses Capitals, der als solcher nicht vorhanden wäre, wenn die Pfandbriefe nicht Circulations-Mittel geworden wären; dieser Theil gelangt ohne Unterschied an alle Consumenten, an die das transitorische Capital übergeht, und die successiven Inhaber der Pfandbriefe theilen sich bloß in den Zins der Geldsumme, die als Geld-Forderung in ihnen genannt ist.

3.) Ganz des nämliche gilt auch von den vom Staate selbst ausgestellten Schuldscheinen, nur daß bey ihnen der Grund, warum sie als Tauschmittel in die Circulation übergehen, der Staats-Credit ist, sie also der Idee des Geldes hierin näher stehen, als die Privat-Bankzettel, und die Pfandbriefe.

Diesen drey Arten des Geldes ist noch ein Element des Privat-Credits beygemischt; sie sind somit kein *reines Geld.* Auch der Staats-Credit erscheint nur als Privat-Credit, sobald sich der Staat gegen Einzelne als Schuldner constituirt, und von ihnen Werthe empfängt, wofür er den Gegenwerth in Gelde nicht sogleich erstattet. Dieses fremdartige Element äußert sich durchaus als *Geldzins,* den die Unternehmer der Privat-Zettelbanken, die successiven Inhaber der Pfandbriefe und Staatsschudscheine unter sich theilen. Wäre die nämliche Quantität Tauschmittel als *reiner* Ausdruck des öffentlichen Credits vorhanden: so würde dies fremde Element verschwinden, und der Theil des transitorischen Capitals, welcher für diesen Zins an die genannten Privat-Personen übergeht, würde sich unter alle Consumenten, an die dieses gesammte Capital gelangt, vertheilen.

Reines Geld sind nur die Staats-Banknoten. Sie sind nichts Anderes, und können nie etwas Anderes seyn, als Geld; sie sind der reinste Ausdruck des öffentlichen Credits ohne alle Beymischung eines vom Privat-Credit hergenommenen und ihm zugehörigen Elements; sie erhalten ihren positiven Werth einzig nur vom transitorischen Capitale. Da sie jedoch auf ein bestimmte und als unveränderlich angenommene Geld-Einheit lauten müssen, diese aber nach den Veränderungen des transitorischen Capitals bald einem größern bald kleinern positiven Werthe gleich kömmt: so folgt, daß eine größere in der nämlichen Geld-Einheit ausgedrückte Summe von Staats-Banknoten nur dann einem größern positiven Werthe gleich sey, wenn der positive Werth des transitorischen Capitals zunimmt, und daß der nämlichen Summe ein immer kleiner Werth entspreche, je mehr dieses Capital seinem positiven Werthe nach vermindert wird. Das transitorische Capital ist selbst nur durch den öffentlichen Credit möglich, und es wäre ein großer Irrthum, seine Existenz nur der Wirksamkeit und Thätigkeit der drey producirenden Klassen zuschreiben zu wollen, da ohne den Staat, ohne das in ihn zu setzende Zutrauen das Band wegfällt, das diese Klassen unter sich und mit der politischen zu einem organischen Ganzen verbindet, da sie selbst und ihre Wechselwirkung ohne öffentlichen Credit nicht einmal möglich sind. So ist der in den Staats-Banknoten (wie in jedem Gelde) sich äußernde Staats-Credit selbst nur der Reflex jenes höhern Credits, des ideellen organischen Bandes, das alle Einzelnen, alle Klassen und Stände umschlingt, ihr Spiel, und ihren wechselseitigen Einfluß auf einander unterhält und beschränkt, und ihn dem Leben des Ganzen unterordnet; daraus ist erklärbar, warum die Staats-Banknoten, als der reinste Ausdruck des öffentlichen Credits nie mehr seyn können, als durch jenen höhern Credit schon zum Voraus bestimmt ist.

Gold und Silber sind kein reines Geld, weil sie als Metalle noch zu einem unmittelbaren Gebrauche verwendet werden können; sie sind in dieser Rücksicht *Waare*. Aber diese Metalle sind in keinem Staate durch sich selbst Geld; sie sind es nur in so ferne, als der öffentliche Credit noch hinzu kömmt, und ihren Werth als Tauschmittel im Gegensatze gegen das transitorische Capital bestimmt. Da sie Waare sind, und nur der hinzu tretende öffentliche Credit sie zu Gelde macht, so ist es auch möglich, daß dieser Credit sich wieder von ihnen zurück ziehe, daß sie, wenigstens zum Theile, aus der Klasse der bloßen Tauschmittel heraustreten, und wieder als Waare erscheinen. - Das Geld ist für jeden Staat etwas bloß Inneres, nichts Außeres, und von Staat zu Staat giebt es, *strenge genommen,* kein Geld, sondern nur Waare. In dem Augenblicke, in dem selbst gemünztes Gold und Silber aus einem Staate in einen andern übergeht, hört es für den erstern auf, Geld zu seyn, indem es aus der Reyhe seiner bloßen Tauschmittel herausgetreten ist, und ob es in dem andern Staate Geld werde, hängt davon ab, ob es in die Summe seiner dem transitorischen Capitale entgegen stehenden Tauschmittel aufgenommen werde, und sich dergestalt darin erhalte, daß ihm ein in diesem Capitale vorher nicht enthaltener positiver Werth entspreche. Wenn man daher Gold und Silber das allgemeine Weltgeld nennt, so bedeutet dies nicht, daß sie schon an und für sich überall Geld seyen, sondern nur, daß sie es unter gewissen Bedingungen *in jedem Staate werden können.* Der Einzelne, der aus einem Lande in das andere Gold und Silber mitbringt, bringt in ihm nur eine Waare mit, die er gegen andere Gegenstände austauschen will; ob diese Waare Geld werde, und in die Summe der bloßen Tauschmittel übergehe, hängt von höhern Bedingungen ab.

Der Staat muß eine Geld-Einheit festsetzen; alles Geld muß in ihr ausgedrückt, und auf sie, als den allgemeinen Geldmesser bezogen werden. Man bemerke aber, daß diese Einheit nie eine andere, als eine ideelle seyn könne, die mit der Befriedigung der menschlichen Bedürfnisse in keiner unmittelbaren Beziehung steht, daß diese Beziehung veränderlich sey, und vom transitorischen

Capital abhänge. Die Geld-Einheit ist nur in so ferne unveränderlich, als jede Geldsumme, sie existire in dieser oder jener Art des Geldes, immer nur ein Vielfaches von ihr, und um so größer ist, je öfter sie die Geld-Einheit enthält. Da es aber ein Object giebt, nämlich die edeln Metalle, das in allen Staaten Geld werden kann: so ist dieses Object das die verschiedenen willkührlich gesetzten Geld-Einheiten der Staaten allgemein Vermittelnde, indem angegeben werden kann, was für einem Quantum des einen oder andern edeln Metalls die einmal festgesetzte Einheit eines jeden Staates jedesmal gleich komme. Aber die edeln Metalle sind nicht darum der allgemeine Geldmesser, weil sie Geld sind, sondern sie sind es als ein Product, das in das transitorische Capital aufgenommen wird, und als solches, wie jedes andere in ihm enthaltene Object seinen nach den jedesmaligen Umständen bestimmten Geldpreis hat. Da sie nun der allgemeine Geldmesser für alle mit einander in Handelsverbindungen stehende Staaten sind: So folgt auch, daß jeder Staat seine Geld-Einheit einem bestimmten Gewichte des einen oder andern edeln Metalls gleich setzen *könne*. Nichts desto weniger bleibt auch diese also festgesetzte Einheit eine ideelle, eine in Beziehung auf das transitorische Capital, und die Geld-Einheiten anderer Staaten veränderliche Größe. Der Grund dieser sich als *Wechselkurs* aussprechenden Veränderungen ist in dem positiven Werthe des transitorischen Capitals dieser Staaten, und insbesondere darin zu suchen, was für ein Theil dieses Capitals in jedem derselben auf Privat-Credit gegeben werde.

Wenn einmal die Geld-Einheit eines Staates in einem bestimmten Gewichte eines der edeln Metalle festgesetzt ist: so ist in Beziehung auf andere Staaten bestimmt, welcher Summe von Geld-Einheiten unter diesen Umständen die Summe seiner bloßen Tauschmittel gleich komme; es ist also bestimmt, was für ein Quantum dieses edeln Metalls erfordert würde, wenn es das einzige in diesem Staate vorhandene Geld seyn sollte. Da aber der positive Werth des transitorischen Capitals bald ab- bald zunimmt, da bald ein größerer, bald ein kleinerer Theil desselben auf Privat-Credit gegeben wird: so ist auch, selbst wenn der Geldpreis der Werth-Einheit der nämliche bleiben sollte, die Summe des circulirenden Geldes, in so ferne sie durch die in einem bestimmten Gewichte eines edeln Metalls festgesetzte Geld-Einheit gemessen wird, veränderlich. Nun können noch die Bedingungen gegeben seyn, daß der positive Werth des transitorischen Capitals beständig zunehme; oder er bleibt derselbe, oder er wird vermindert. Wenn der Staat im ersten Falle die Summe der Tauschmittel nicht verhältnißmäßig vermehrt, oder diese Vermehrung dem Privat-Credit überläßt: so kann die Nation die dem übrigens möglichen Zuwachse des transitorischen Capitals entsprechende Summe Geldes nur aus ihren eigenen Bergwerken, oder vom Auslande erhalten; ein solcher Staat hat, abgesehen von den edeln Metallen, die er aus seinen eigenen Bergwerken zieht, *nothwendig* eine *vortheilhafte Handelsbalanz*. Aber da die Vermehrung der circulirenden Geldsumme die unumgängliche Bedingung der positiven Vermehrung des transitorischen Capitals ist: so macht er die Hauptbedingung eines höhern National-Wohlstandes, eines größern National-Vermögens vom Auslande und von der Politik fremder Völker abhängig; wie theuer diese Abhängigkeit gebüßt werde, fällt nicht einmal auf, da man nur den kleinen Gewinn, den man macht, vor Augen hat, und ihn mit dem weit größeren, den man sich verschaffen könnte und sollte, nicht vergleicht. Selbst auch dann, wenn der positive Werth des transitorischen Capitals der nämliche bleibt, oder gar vermindert wird, kann der Staat noch eine vortheilhafte Handelsbalanz haben, und edle Metalle vom Auslande beziehen. Wenn aber bey den andern Nationen Gold und Silber die einzigen allgemeinen Tauschmittel sind: so ist dies der deutlichste Beweis, daß der positive Werth ihres transitorischen Capitals vermindert, ja sogar in einem größern Verhältnisse, als bey uns vermindert werde. Was für ein Werth auf eine solche Balanz zu legen sey, leuchtet von selbst ein; sie beweißt lediglich nichts für eine gute National-Oeconomie; sie beweißt nur, daß die Oeconomie der Nachbarn noch schlechter bestellt sey, als die unsrige.

Sind in einem Staate mehrere der erwähnten Arten des Geldes vorhanden, so zeigen sich noch besondere Erscheinungen. Es ist nämlich bestimmt, welchem Quantum jenes edeln Metalls, in welchem die Geld-Einheit festgesetzt ist, die Summe aller allgemeinen Tauschmittel gleich kommen würde, wenn einzig nur ein aus diesem Metalle bestehendes Geld im Umlaufe wäre; dies ist bestimmt durch die Größe des transitorischen Capitals, durch jenen Theil desselben, der auf Privat-Credit gegeben wird, und durch den Geldpreis der Werth-Einheit. Die Summe alles circulirenden Geldes ist also in Beziehung auf andere Staaten, deren Geld-Einheit ebenfalls in dem einen oder andern

8

edeln Metalle festgesetzt ist, eine bestimmte, und unter diesen Umständen weder größer noch kleiner. Ist nun ein Theil des circulirenden Geldes an edeln Metallen vorhanden: so können die übrigen Arten nie mehr betragen, als den Unterschied zwischen jener Summe, und der Summe des an edeln Metallen circulirenden Geldes. Vorausgesetzt also, daß durch den Privat-Credit keine allgemeinen Tauschmittel in den Umlauf gekommen seyen: so ist durch diesen Unterschied das Maximum der Summe gegeben, die an Staats-Banknoten und anderen Staatspapieren circuliren kann. Diese Geldarten lauten anfänglich auf die in dem edeln Metalle festgesetzte Geld-Einheit. Wenn daher der Staat in seinen Emissionen jene Summe übersteigt, oder inzwischen der positive Werth des transitorischen Capitals vermindert wird, so übersteigt auch die in den genannten Geldarten emittirte und circulirende Geldsumme den angegebenen Unterschied. Das ganze Quantum der emittirten Staats-Banknoten und circulirenden Staats-Schuldscheine erscheint daher in einer doppelten Beziehung; einmal nämlich in Beziehung auf die *nominale* Summe, auf die sie lauten, und dann noch in Beziehung auf den *Unterschied* zwischen der Summe, die an Geld-Einheiten, welche in dem edeln Metalle festgesetzt sind, nach den gegenwärtigen Umständen vorhanden seyn kann, und der Summe, die an edeln Metallen in der Circulation vorhanden ist. Hierdurch bildet sich eine neue Geld-Einheit, die man die *nominale* nennen kann, und die von der in den edeln Metallen festgesetzten mehr oder minder abweicht. Der Gulden der Wienerbank ist ein anderer, als der Silber-Gulden, der Silber-Rubel ein anderer, als der Rubel der Assignationen. Diese Abweichung der nominalen von der Metall-Geld-Einheit spricht sich als *Kurs* aus. - (7) Sind neben den Staats-Banknoten noch Privat-Bankzettel im Umlaufe, so ist zu unterscheiden, ob die Inhaber der Brivat-Banken gehalten seyen, die präsentirten Zettel in Metallgeld, oder in Staats-Banknoten einzulösen; im ersten Falle werden sie durch den Kurs nicht afficirt; im andern hingegen unterliegen sie ihm, wie die Staats-Banknoten. Die vom Staate ausgestellten Schuldscheine sind nicht nothwendig Geld; es können daher bald mehrere, bald nur weniger Staats-Schuldscheine in die Circulation kommen; das nämliche gilt auch von den Pfandbriefen. Im ersten Falle wird die nominale Summe der außer dem Metallgelde vorhandenen Tauschmittel vermehrt, im zweyten vermindert; der oben erwähnte Unterschied hingegen ist der nämliche geblieben; hiezu kömmt noch, daß auch

Summen Metallgeldes aus der Circulation gezogen, und nach einiger Zeit wieder in sie gebracht werden können, wodurch gedachter Unterschied selbst verändert wird. Durch diese Umstände, durch die noch hinzu kommenden Veränderungen des positiven Werthes des transitorischen Capitals, und jenes Theiles desselben, der auf Privat-Credit gegeben wird, entsteht ein Schwanken zwischen den verschiedenen Geldarten, so daß die nämliche nominale Summe in dieser oder jener Geldart bald einer größern bald kleinern Summe in Metall-Geld-Einheiten gleich geachtet wird. Dieses Schwanken ist das Feld der *Agiotage,* des *Stock-Handels.* - Ich würde diese Abhandlung über die Gebühr ausdehnen, wenn ich, was ich ohne Berechnung nicht könnte, die Theorie des *Wechselkurses,* des *Kurses,* und der *Agiotage* etwas weiter entwickeln wollte; ich habe hier nur die letzten Gründe angegeben, aus welchen diese bis itzt noch so wenig begriffenen Erscheinungen zu erklären sind; jedoch glaube ich schon hierdurch dargethan zu haben, daß diese Gegenstände, so wie der Capitalgewinn und Zinsfuß außer dem gesetzlichen Wirkungskreise der Regierung liegen, und einer Sphäre angehören, in der durch positive Anordnungen nichts direct bestimmt werden darf.

Es wurde schon erwähnt, daß die edeln Metalle gemeiniglich schon an und für sich als Geld angesehen werden. Auf diese Ansicht gründet sich das in der Praxis noch allgemein geltende s. g. Mercantil-System, dessen Tendenz dahin geht, das im Staate vorhandene Quantum edler Metalle unvermindert zu erhalten, und es durch den Handel mit dem Auslande möglichst zu vermehren. Dieses System begreift das Geld als etwas dem Staate Fremdes, außer ihm Existirendes, und in ihn erst Aufzunehmendes; es bleibt bey der Thatsache stehen, daß Gold und Silber bey allen gebildeten Völkern als Geld anerkannt werden, und hält die übrigen Geldarten für bloße Anweisungen auf das einzige wahre Geld, die edeln Metalle. - Wir haben selbst den Satz aufgestellt, daß die Vermehrung der circulirenden Geldsumme die unumgängliche Bedingung der Vermehrung des positiven Werthes des transitorischen Capitals sey, und daß auf dem entgegen gesetzten Wege, nämlich durch Verminderung des Geldpreises der Werth-Einheit kein positiver Zuwachs dieses Capitals erwartet werden dürfe. Sind also die edeln Metalle das einzige Geld, so ruht das Mercantil-System auf einer unerschütterlichen Basis; es ist das einzig wahre und consequente, und alle Einwürfe, die man gegen dasselbe vorgebracht hat,

*2

sind grundlos; es bleibt uns nichts übrig, als das Schicksal des menschlichen Geslechtes zu bedauern, dessen Fortschritte an das Quantum der edlen Metalle gebunden sind, die es von Zeit zu Zeit dem Schooße der entreißt; eine unerbittliche Nothwendigkeit zwingt die Nationen, ewig um den Besitz dieser Stoffe zu kämpfen, da der Verlust eines jeden Geldstückes eine verhältnißmäßige Verminderung des realen National-Reichthums unabänderlich zur Folge hat. Es ist wahr, daß alsdann mit jeder Million, die außer Landes geht, und nicht wieder zurück kehrt, der Geldwerth des transitorischen Capitals, und somit verhältnißmäßig auch sein positiver Werth vermindert werde; es ist wahr, daß dieser Verlust eine unabsehbare Zeit hindurch sich mit jeder Circulations-Periode erneuere; es ist wahr, daß der Geldwerth des transitorischen Capitals jener Nation, an welche gedachte Million kam, um eben so viel, also auch der positive Werth desselben verhältnißmäßig vermehrt werde; wes ist wahr, daß dieser Gewinn für sie mit jeder Circulations-Periode sich erneuere. Man wende nicht ein, daß die Nation diesen Verlust auf andern Wegen, durch Mittel, die von der Quantität des circulirendes Geldes unabhängig sind, durch Sparsamkeit, durch eine geschicktere Theilung der Arbeit, durch Einführung neuer Maschinen, und dadurch wieder ersetzen könne, daß sie künftig eine größere Anzahl s. g. productiver Arbeiter erhalte. Alle diese Mittel sind gut, und führen zum vorgesetzten Ziele, aber nicht für sich allein, sondern nur in Verbindung mit einer verhältnißmäßigen Vermehrung der circulirenden Geldsumme; nur itzt erst wird der positive Werth des transitorischen Capitals, worauf alles ankömmt, vermehrt. Was soll durch die Sparsamkeit der Einzelnen, oder der Regierung bewirkt werden, wenn jede zurück gelegte Geldsumme nothwendig der Circulation für itzt entzogen wird, und jedes Product, dessen Genuß man sich versagt, aus dem transitorischen Capital verschwindet, und nicht wieder producirt wird? Wie kann ohne ein schon vorhandenes größeres Capital eine geschicktere Theilung der Arbeiten, die Einführung neuer Maschinen statt finden? kann dieses neue Capital ein Theil des schon vorhandenen transitorischen seyn? und wenn dies nicht ist, was ist es wohl anderes, als ein in Gelde bestehendes, vorher in der circulirenden Geldsumme nicht begriffenes Capital? wo haben die Consumenten, an die das nunmehr größere Quantum Producte gelangen soll, das Vermögen her, es zu bezahlen? können sie dafür eine größere Summe Geldes geben, als bisher? und wenn dies nicht der Fall ist, was haben die Unternehmer durch ihre besseren öconomischen Einrichtungen im Ganzen gewonnen, da der größere Gewinn, der itzt Einigen zufließt, nothwendig Andern entzogen wird? Ist die Austellung mehrerer aus dem transitorischen Capitale zu unterhaltender Arbeiter auch nur möglich, da in ihm nur ein bestimmtes für eine bestimmte Anzahl Menschen hinreichendes Quantum Lebensmittel enthalten ist, und ohne Vermehrung der circulirenden Geldsumme kein größeres in dasselbe aufgenommen werden kann? oder soll eine Anzahl bisher s. g. unproductiver Menschen, die ihren Unterhalt aus dem transitorischen Capitale bezogen, nun mit produtiven Arbeiten beschäftiget werden? aber wo ist das für sie erforderliche productive Capital? woher soll das größere Quantum der von ihnen zu verarbeitenden Materialien kommen, wie sollen sie in das transitorische Capital aufgenommen werden? kann dies geschehen, ohne daß die circulirende Geldsumme vermehrt werde? - So muß also zu den übrigen Mitteln, den realen Reichthum einer Nation zu vermehren, noch die Vermehrung der circulirenden Geldsumme hinzu kommen, ohne welche sie für das Ganze unwirksam sind; Einzelne mögen sich auf die eine oder andere Art bereichern, aber der Staat, die Gesammtheit der Nation gewinnt nichts; denn so viel auf einer Seite gewonnen wird, so viel geht auf der andern verloren. Oder glaubt man durch die Herabsetzung des Geldpreises der Werth-Einheit, mithin durch eine allgemeine Wohlfeilheit aller Producte zum Ziele zu gelangen? Dieser Meinung ist nur die Frage entgegen zu stellen, ob man die Einzelnen bereden könne, daß es für Jeden in seinen Privat-Verhältnissen insbesondere, und für Alle vortheilhaft sey, wenn sie ihre Producte für einen geringern Geldpreis verkaufen? ob man hoffen dürfe, daß sie sämmtlich nach dieser Ueberzeugung handeln werden? ob die oberste Gewalt Mittel besitze, *durchaus* das Privat-Interesse so zu beschränken, daß für jedes einzelne Product immer nur der dem allgemeinen Besten zuträgliche Geldpreis gefordert und gegeben, und jede aus einem Rechtstitel entstandene und periodisch sich erneuernde Forderung nach eben dieser Rücksicht gemäßiget werde. - So irrt das Mercantil-System nicht darin, daß seine Tendenz auf die Erhaltung und Vermehrung der circulirenden Geldsumme geht, sondern darin, daß es die edeln Metalle als das einzige, wahre Geld ansieht; mit der richtigen Vorstellung vom Wesen und den Functionen des Geldes werden alle einseitigen und dem National-Wohlstande schädlichen Ansichten aus ihm verbannt, und es erhebt und erweitert sich zum wahren und allgemeinen System der National-Oeconomie.

Es wurde gezeigt, daß das Geld ein Betandtheil des Vermögens des Geldbesitzers, mithin des Privat-Vermögens sey. Ist es auch ein Bestandtheil des gesammten National-Vermögens? - Das Geld als solches ist nur darum ein Theil des Privat-Vermögens, weil ihm im Besitzthum der Andern reale Gegenstände entsprechen, die der jedesmalige Geldbesitzer dafür erhalten kann. Der Geldbesitzer steht daher zu allen Uebrigen im Verhältnisse des Gläubigers zum Schuldner, dessen Forderung verschwindet, wenn im Besitzthum des Schuldners keine realen Gegenstände vorhanden sind, die ihr entsprechen. Die Summe des Vermögens des Gläubigers und Schuldners wird durch die Forderung und Schuld weder größer noch kleiner; sie bleibt ganz die nämliche, die Forderung, und die ihr entsprechende Schuld existire oder nicht. So ist die Summe des *realen* Vermögens aller Geldbesitzer, und aller derjenigen, an die das Geld gelangen soll, ganz die nämliche, es sey Geld vorhanden, oder nicht, indem es weiter nichts bezeichnet, als daß aus dem Besitze der Letzteren ein dem quantitativen Werthe der Geldsumme gleicher Werth an realen Gegenständen an Erstere übergehen soll. Das Geld verschwindet also bey der Berechnung des gesammten National-Vermögens, eben so, wie in die Summe desselben die Einzelnen an Einzelne zustehenden Forderungen, die Forderungen des Staates an seine Unterthanen, und die Forderungen der Letzteren an den Staat nicht aufgenommen werden können. Selbst das bewegliche materielle, und das transitorischen Capital *als solche* keine Bestandtheile des National-Vermögens, indem sie hier schon als Theile des stehenden Consumtions-Fonds erscheinen. Das National-Vermögen, wenn von den Schuldverhältnissen einer Nation gegen andere abstrahirt wird, besteht demnach nur aus dem Grund-Capitale, und dem Consumtions-Capitale, und wenn edle Metalle als Geld bey einer Nation circuliren, so sind sie nicht als Geld, sondern als Metalle ein Theil des letztern Capitals, eben so wie goldene und silberne Gefäße hieher gehören. - Da das Geld kein Bestandtheil des National-Vermögens ist, mithin bey der Berechnung desselben eben so wenig in Anschlag kömmt, als die Productiv-Kraft des Einzelnen, so ist es auch nicht der Maßstab, nach welchem die Größe des National-Vermögens bestimmt werden darf; hier entscheiden größere oder kleinere Geldsummen gar nichts, indem zur Bestimmung der

Größe des gesammten National-Vermögens, als des Inbegriffs aller der Gesammtheit der Nation zustehenden und zur Erreichung ihrer Zwecke dienenden realen Gegenstände ein realer durch die Natur selbst bestimmter Maßstab angenommen werden muß.

Hat man einmal aufgefunden, was das Geld auf dem Standpuncte des Regenten und des Staatsmanns sey: so ist zugleich auch gegeben, wofür es in dem wahren und consequenten Systeme der National-Oeconomie und Staatswirthschaft anerkannt werden muß; dann wird man einsehen, daß das Geld zwey Seiten habe, eine *exoterische* und eine *esoterische,* von welchen erstere nur für untergeordnete und Privat-Verhältnisse gilt, die andere hingegen das Wesen des Geldes bezeichnet, das nur auf dem eigentlichen über alle einseitigen Ansichten und Verhältnisse der Privat-Oeconomie und bürgerlichen Gewerbe erhabenen Standpuncte der National-Oeconomie sich offenbart. Wir haben gesucht, uns auf diesen Standpunct zu erheben, von welchem aus wir als Resultat unserer Untersuchungen folgendes festsetzen:

1.) Das Geld is t eine Emanation der Gesammtheit des Staates, eine Aeusserung seiner Productiv-Kraft;
2.) Es ist insbesondere der in übertragbaren Zeichen mit dem Privat-Credit zugleich dem transitorischen Capital entgegen und einem Theile dieses Capitals gleich gesetzte öffentliche Credit;
3.) Es ist weder ein Theil, noch der wahre Maßstab des gesammten National-Vermögens.

Die mächtigsten Fürsten Europa's haben durch die erhabenste Eintracht, von der die Geschichte noch kein Beyspiel aufstellt, den herrlichsten Sieg über den fürchterlichsten Feind errungen, der das ganze Menschengeschlecht in die grausenvolle Nacht der Barbarey zurückzuschleudern, und jeden Funken des göttlichen Feuers, der noch irgendwo in der Brust eines Sterblichen loderte, mit seinem vergiftenden Hauche auszulöschen drohte; und diesen Sieg dankt die erlößte Menschheit nicht physischer Stärke, nicht der schlauen Berechnung eines einseitigen und zeitlichen Vortheils, nicht der Ueberlistung des Feindes, der weniger schlau seinen Vortheils wahrzunehmen und zu vertheidigen wußte;

sie dankt ihn dem Wiederaufleben der göttlichen Ideen, von denen einzig ihre Würde, alles Edle und Große abstammt; sie dankt ihn insbesondere dem über jedes einseitige Interesse erhabenen gegenseitigen Zutrauen der Herrscher, dem Vertrauen der Fürsten in ihre Völker, und der Völker in die Fürsten. Herrliches und Großes bewirkte dieser lebendige Glauben; er zersprengte die Fesseln, mit denen ein der göttlichen Ordnung widerstrebendes Volk seine edleren Brüder in schimpflicher Knechtschaft niederhielt; er gab jedes Volk sich selbst, seinen eigenen Gesetzen, seinem angestammten Fürsten zurück; aus ihm quillt die Freyheit, deren itzt jede Nation sich erfreuet, das Hochgefühl jedes Bürgers, daß er nur vaterländischen Gesetzen gehorchend frey seine Anlagen entwickle, seine Kraft übe. - Wir sind endlich zu der Ueberzeugung gelangt, daß alle Staaten Europa's nur ein Ganzes bilden, daß sie Glieder des höchsten politischen Organismus, des die ganze Menschheit umfassenden Weltstaates sind; die Geschichte unserer Tage hat gezeigt, daß kein gebildetes Volk seine Selbstständigkeit verliere, ohne daß die nämliche Gefahr alle übrigen bedrohe, daß also die Selbstständigkeit jedes Volkes durch die Freyheit der übrigen bedingt sey. Möge diese Ueberzeugung immer lebendiger werden, dann wird es keinem ehrgeitzigen Eroberer mehr gelingen, freye Völker in Fesseln zu schlagen.

Itzt, da die Selbstständigkeit jeder Nation feyerlich von allen übrigen anerkannt ist, wird es auch das erste Bestreben, das wichtigste Geschäft jeder Regierung seyn, die öconomischen Verhältnisse wieder zu ordnen. Auch hierüber haben die Begebenheiten unserer Zeit ein unerwartetes Licht verbreitet; wir sind vorzüglich über einen Gegenstand belehrt worden, und die Falschheit der Vorstellung, daß die edeln Metalle das einzige wahre Geld seyen, ist unwiderleglich dargethan; es ist bewiesen, daß Gold und Silber Nichts, dagegen aber das Zutrauen Aller in Alle, in die Gesammtheit des Staates Alles sey, und hierdurch ist die wichtige Lehre aufgestellt, daß eine der wesentlichen Bedingungen der fortschreitenden Entwicklung der Nationen, und eines höhern National-Wohlstandes, von der man bisher glaubte, daß sie von den Handelsverhältnissen mit dem Auslande abhange, über diese Verhältnisse erhaben, und in der Wechselwirkung der Regierung und der verschiedenen Klassen des Volkes, in dem aus dieser Wechselwirkung entspringenden öffentlichen Credit gegeben sey. Und so dürfen wir hoffen, daß die Fürsten und ihre Rathgeber sich überzeugen, und dieser Ueberzeugung gemäß handeln werden, daß ihre Völker durch die Armuth der Nachbarn nicht reicher werden, und durch hinterlistige Handelsverträge, in denen der Keim künftiger Kriege liegt, nichts gewinnen.

Das nämliche Zutrauen der Regierung zu sich selbst und zum Volke, der festgegründete und unerschütterliche öffentliche Credit kann allein nur die Wunden heilen, an denen auch nach hergestelltem Frieden als nothwendigen Folgen der Unterdrückung und des langwierigen Kampfes gegen fremde Oberherrschaft die Nationen noch leiden; aber nicht nur die Güter, die wir aufopfern mußten, wird uns der öffentliche Credit wieder geben; Größeres und Herrlicheres wird er schaffen. - Durch ihn wird es möglich, wenn ihn die Regierung, besonders bey Vermehrung der circulirenden Geldsumme weise zu gebrauchen versteht, die drückenden und den National-Wohlstand niederhaltenden Staatsschulden allmählig zu tilgen, alle lästigen, dem Sittengesetze und der höhern Bestimmung des Menschen widerstreitenden Abgaben abzuschaffen; durch ihn erhält die Regierung Alles, dessen sie zur Erreichung des Staatszweckes bedarf; er ist der einzige wahre Vermittler zwischen dem allgemeinen Interesse des Ganzen und jedem besondern, rechtlich anzuerkennenden Interesse; durch ihn werden alle schlummernden Keime der National-Kraft geweckt und entwickelt; durch ihn gestalten sie sich zum erhabensten harmonischen Ganzen.

ANMERKUNGEN.

Ich wollte in den Text der gegenwärtigen Abhandlung keine Citationen und Bemerkungen über die Lehren national-öconomischer Schriftsteller, auch selbst dann nicht aufnehmen, wenn sie mit den hier vorgetragenen Ansichten übereinstimmen; darum trage ich in den folgenden Anmerkungen dasjenige nach, was mir noch insbesondere bemerkenswerth scheint.

(1.) Julius Gr. v. Soden sagt in seiner National-Oeconomie S. 26. "Im National-Oeko-"nomistischen Sinne ist also Vermögen und Stoff gleichbedeutend. Da aber der "bey weitem größte Theil dieses Stoffs seine Existenz erst durch die Vereinigung "mit der productifen Kraft erhält, so ist diese ein wesentlicher Theil des Vermö-"gens." Ich weiß nicht, wie es kömmt, daß dieser achtungswürdige Gelehrte die productive Kraft als einen Theil des Vermögens ansieht; letzteres ist zwar größtentheils das Erzeugniß der erstern; aber sie selbst ist im öconomischen Sinne kein Vermögen, indem alles Vermögen ein Aeußeres ist, das von der Person des gegenwärtigen Besitzers getrennt werden kann; der Arme kann eine große Productiv-Kraft besitzen, aber Niemand behauptet, daß er Vermögen habe; noch nie ist diese Kraft in dem Verzeichnisse der Gegenstände, die das Vermögen eines Privatmanns ausmachen, als ein Bestandtheil desselben aufgeführt worden. Productiv-Kraft und Vermögen sind daher wie Ursache und Wirknng genau von einander zu unterscheiden. Auch scheint der H. G. das National- und Privat-Vermögen mit einander zu verwechseln, worauf ich nachher zurück kommen werde.

(2.) Auch drüber, warum und was für eine Vermögensportion das Geld sey, bin ich einer andern Meinung, als Gr. v. Soden. — Es ist hier noch nicht die Rede davon, was das Geld (die Münze) an sich, abgesehen von dem Stoffe, in dem es dargestellt wird, sondern nur davon, was es in Beziehung auf das Privat-Vermögen sey. Ich bin mit dem H. Gr. darin einig, daß das Geld als solches, die Münze, eine Portion des Vermögens, aber wohlverstanden, nur des Privat-Vermögens sey. Nun steht § 344. "Mit der Metall- und Waarenmünze wird wirkli-"ches Vermögen gegen Vermögen, Stoff gegen Stoff vertauscht. Nicht so bey der "Papier-Münze, sie enthält nur die Anweisung auf das nach seinem Preise be-

"stimmte Product." — Sodann wird von der Papiermünze insbesondere gesagt: "Die Papiermünze enthält also eine Vermögensportion, sie ist also ein Aus-"gleichungsvehikel, sie ist Münze. Papiermünze ist also keineswegs ein bloßes "Vorstellungszeichen — Es ist die Beglaubigung, daß dasjenige Genußmittel, "wofür es gilt, wirklich existire" — Ferner steht §. 340. "Anders verhält sichs "mit dem Ausgleichungsvehikel. Dieses muß schlechterdings selbst ein Genußmit-"tel seyn, muß das Vermögen nicht bloß ausdrücken, sondern wirklich einen "Theil desselben enthalten." Daraus geht hervor, daß der H. Gr. das Geld "überhaupt (nach seiner Terminologie die Münze, das Ausgleichungsvehikel) als eine *reale* Vermögensportion ansehe, was mit dem Begriffe des Geldes, oder der Münze geradezu in Widerspruch steht. Daß das Geld ein Theil des Privat-Vermögens sey, ist unläugbar; eben so wenig kann in Zweifel gezogen werden, daß das Privat-Vermögen außer den *realen* zur Befriedigung der Bedürfnisse, und zur Erreichung menschlicher Zwecke unmittelbar dienenden äußeren Gegenständen noch andere, und in so ferne als *ideell* zu characterisirende Objecte, die für Niemand Genußmittel sind, enthalten. Nun wird das Geld oder die Münze nie und in keinem Falle als Genußmittel, als ein für menschliche Zwecke unmittelbar zu verwendendes Object verlangt, und geschieht es, so ist die Geld- oder Münz-Eigenschaft des Objects untergegangen, es hat aufgehört, noch ferner Ausgleichungsvehikel (Tauschmittel) zu seyn. Somit ist das Geld ein zwar *wirklicher*, aber doch nur *ideeller* Theil des Privat-Vermögens. — Noch wird in dem §. 344. gesagt: "Die alsbaldige, augenblickliche, körperliche Uebergabe der bestimmten Vermögens-"portion ist dem Begriffe des Ausgleichungsvehikel fremd." — Auch dies ist nicht richtig; denn mit oder vielmehr in dem Gelde (Ausgleichungsvehikel) geht *augenblicklich* eine bestimmte Vermögensportion über, aber nicht eine reale, sondern eine ideelle; wäre dies nicht, so könnte nicht begriffen werden, wie die Papiermünze (und überhaupt alles Geld) mehr als ein bloßes Vorstellungszeichen seyn sollte. Wenn der Geldempfänger sich nachher eine reale Vermögensportion verschaffen will, so muß er die ideelle, das Geld weggeben, das wieder als ideeller Bestandtheil in das Vermögen eines Andern übergeht. Schon hieraus geht hervor, wie wichtig der Unterschied zwischen Privat- und National-Vermögen sey; ersteres enthält außer den realen noch ideelle Bestandtheile, die als solche nur im Gegensatze des Privat-Vermögens gegen Privat-Vermögen existiren, aber im gesammten National-Vermögen, das nur reale Bestandtheile enthält, verschwinden. Darum ist das Privat-Vermögen vom National-Vermögen nicht bloß wie der Theil vom Ganzen verschieden; denn die Summe alles Privat-Vermögens ist größer, als das National-Vermögen. Hierauf gründet sich ferner der Unterschied zwischen Kauf und Tausch;

*2

beym Kaufe wird eine edeelle Vermögensportion als ideelle gegen eine reale, beym Tausch hingegen eine reale gegen eine reale gegeben. Aus diesem Grunde giebt es auch einen Tausch bloß ideeller Vermögensportionen.

(3.) Jul. v. Soden unterscheidet zwischen *Geld* und *Münze;* ersteres ist ihm bloß *Vermögensmesser,* und letztere *Ausgleichungsvehikel,* Tauschmittel. (S. §. 338. Th. II.) Er sagt: "Dieser Vermögensmesser ließ sich aber nicht anders finden noch den- "ken, als, indem man von der tiefsten Stufe des verglichenen Werthes der Güter "begann, also von der allerunwerthesten Waare; durch die Vervielfältigung, Mul- "tiplication dieses einfachen, geringsten, niedrigsteu, unwerthesten Objects war "auch der Vermögensmesser, der Güterabgleicher gefunden." Da dieser Schriftsteller keine ideellen Vermögensportionen kennt, so soll sein Vermögensmesser ein realer, ein zur Befriedigung der menschlichen Bedürfnisse unmittelbar dienendes Object, oder das Vielfache desselben seyn; nach unserer Ansicht hingegen ist das Geld oder die Münze ein ideeller Maßstab des Vermögens, und zwar aus dem Grunde, weil es eine *ideelle* Portion des Vermögens ist. — Bald darauf wird gesagt: "Ein Halfpenny in England, ein halber Heller in Deutschland, ein Denier "in Frankreich ist die geringste Metallmasse, *oder was eben so viel ist, bezeichnet " die unwertheste Waare.* Sie sind also der Vermögensmesser; in ihrer Multipli- "cation liegt der Vergleichungsmaßstab der Waaren." Die hier genannten kleinsten Münzen sind allerdings für die Länder, in denen sie umlaufen, Vermögensmesser; aber sind sie dies als *Metallmassen,* oder als *allgemeines kleinstes Tauschmittel?* Man wird nicht behaupten, und noch weniger beweisen können, daß sie als Metallmassen Vermögensmesser seyen; dem als solche werden sie im Handel und Wandel nicht verlangt, und nicht gesucht; sie sind es also als Tauschmittel, das weiter zu nichts dient, als von Andern eine *reale,* auch noch so kleine Vermögensportion zu erhalten; denn sie *bezeichnen* die unwertheste Waare. Hier sind *seyn* und *bezeichnen* nicht einerley; wenn der halbe Heller eine Waare von sehr kleinem Werthe bezeichnet, so ist er eben darum nicht diese Waare; Jener, der den halben Heller hat, hat die Waare nicht, die zum Vermögen eines Andern gehört, und diese Münze ist als solche eine Portion des Vermögens des Erstern, weil er von einem Andern eine entsprechende reale Vermögensportion erhalten kann; der halbe Heller ist daher eine ideelle, aber darum nicht imiganäre Portion, mithin auch ein ideeller Maßstab des Vermögens. -

(4.) Was Adam Smith *umlaufendes Capital* nennt, ist, mit Ausnahme des Geldes, das nämliche, was ich unter *beweglichem materiellen Capital* verstehe. (S. Th. II. der Garvéschen Uebersetzung des Smith´schen Werkes S. 13.) Ich begreife das Geld nicht im beweglichen materiellen Capital, sondern unterscheide es von ihm als einen besondern, und zwar ideellen Bestandtheil des Vermögens. Das von mir sogenannte transitorische Capital ist nur ein Theil der in dem umlaufenden Capitale des Adam Smith begriffenen realen Gegenstände. – Unter umlaufendem (circulirendem) Capital oder Vermögen ist daher, nach Ausgleichung der Forderungen und Schulden, die sich als gleiche positive und negative Quantitäten gegenseitig aufheben, die Summe jener sowohl realen als ideellen Vermögensportionen zu verstehen, die beständig bey den öconomischen Klassen vorhanden, und an andere überzugehen bestimmt sind. Es versteht sich von selbst, daß dieses umlaufende Capital größer sey, als das transitorische, mithin auch größer als die circulirende Geldsumme, indem sowohl das eine, als die andere in ihm enthalten sind. Auf diese Art sind in unserm umlaufenden Capitale nur jene realen Vermögensportionen nicht begriffen, die von Individuen einer Klasse an Individuen derselben Klasse übergehen, welche Adam Smith offenbar in seinem umlaufenden Capitale begreift.

(5.) Es ist außer Zweifel, daß die Größe eines jeden Werthes und des Vermögens durch die aufgestellte Werth-Einheit gemessen werden könnte; aber eine andere Frage ist, ob diese Werth-Einheit ein in jeder Rücksicht tauglicher Maßstab zur positiven, und nicht bloß relativen Bestimmung alles Größenwerthes sey? Ich glaube hierauf am besten zu antworten, wenn ich die Haupterfordernisse des realen und positiven Maßstabes alles Vermögens angebe.

a.) Dieser Maßstab muß wirklich in Objecten vorhanden seyn, die den nothwendigsten, absoluten Bedürfnissen entsprechen, von deren Befriedigung bloß allein die thierische Existenz des Menschen abhängt; denn wenn diese Objecte nicht vorhanden sind, existirt kein anderer Werth, und alle Vergleichung und Bestimmung der Werthe fällt weg.

b.) Das Quantum dieser Objecte muß durch die Natur, zwar nicht in Beziehung auf diese oder jene einzelne Menschen, aber doch rücksichtlich einer ganzen Nation dergestallt bestimmt seyn, daß es für einen Menschen im mittleren Durchschnitte als unabänderlich gesetzt werden kann; in ihm verschwindet daher der Unterschied zwischen qualitativem und quantitativem Werthe.

c.) Dieser Maßstab muß sodann auch dazu dienen, den Grad des Privat- und National-Wohlstandes positiv zu bestimmen.

Wenn Jul. v. Soden die unwertheste, kleinste Vermögensportion als den Maßstab des Vermögens annimmt, und die Größe eines jeden Werthes dadurch bestimmen will, daß er untersucht, wie oft diese kleinste Vermögensportion in einem gegebenen Werthe enthalten sey: so ist diese Schätzung der Größe eines Werthes nichts weniger, als positiv. Denn vorerst ist diese kleinste Vermögensportion offenbar nur ein willkührlich Gesetztes, das selbst wieder größer oder kleiner angenommen werden kann; sodann ist nicht angegeben, in welchem Grade, und durch welche Zeit ein bestimmtes Bedürfniß durch sie befriediget, und noch weniger, in welchem Grade und durch welche Zeit die sonst mögliche Befriedigung der nothwendigsten Bedürfnisse beschränkt werde, oder beschränkt erscheine, wenn ein dieser kleinsten Vermögensportion, oder einem Vielfachen derselben gleichkommender Größenwerth in Gegenständen, die andern minder nothwendigen, oder mittelbaren Bedürfnissen entsprechen, vorhanden seyn soll.

(6.) Adam Smith rechnet zum Papiergelde auch die Wechsel. (S. Th. II. S. 33. der Garv. Uebers.) – Nach dem im Texte aufgestellten Princip sind die Wechsel kein Geld; daß sie es nicht sind, geht noch insbesondere aus der folgenden Betrachtung dieser Documente hervor.

Ich setze voraus, daß der Wechsel für eine aus dem Uebergange eines beweglichen materiellen Capitals entstandene Schuld, oder für eine Summe Geld es, wofür sich der Schuldner ein bewegliches materielles Capital verschafft, ausgestellt werde. Documente, welche eine auf eine andere Art entstandene Forderung beurkunden, sind keine eigentlichen Wechsel. Der wahre Wechsel also entsteht in Folge eines Ueberganges eines beweglichen materiellen Capitals, oder er bezieht sich auf einen solchen Uebergang, der ohne die Wechselschuld nicht statt gefunden hätte. Nun ist zu unterscheiden, ob der Wechselgläubiger und Wechselschuldner zu der nämlichen, oder zu verschiedenen Klassen gehören. Im letzten Falle ist das bewegliche materielle Capital, wo nicht in Beziehung auf den Schuldner und Gläubiger, doch gewiß in Beziehung auf die vier öconomischen Klassen, und die zwischen ihnen während der Circulationsperiode statt findende Ausgleichung, transitorisches Capital. Der Geldwerth dies es ganzen Capitals ist der circulirenden Geldsumme, und den aus seinen Uebergängen entstandenen Forderungen gleich. Der Wechsel ist also in diesem Falle ein Document, daß einer Klasse für ein abgetretenes transitorisches Capital an eine andere Klasse eine Forderung zustehe; darum kann er unmöglich in der Summe des circulirenden Geldes enthalten seyn. – Wenn der Wechselgläubiger und Wechselschuldner Personen der nämlichen Klasse sind, so gehört die Wechselforderung weder zum Gelde noch zu den aus den Uebergängen des transitorischen Capitals entstandenen Forderungen, weil der Gegenwerth des bey einer Klasse vorhandenen transitorischen Capitals an Geld oder Forderungen beiy einer andern, oder bey mehrern anderen Klassen sich vorfinden muß. Hat ein Kaufmann für empfangene Fabrik-Waaren einen Wechsel an einen Fabrik-Unternehmer ausgestellt; so ist die Wechsel-Forderung in den Forderungen begriffen, die aus den Uebergängen des transitorischen Capitals entstehen; mithin gehört dieser Wechsel nicht zum Gelde. Gründet sich die Wechselschuld auf Waaren, die ein Kaufmann von einem andern Kaufmanne empfieng: so gehören zwar diese Waaren zum transitorischen Capital; aber in Beziehung auf dieses Capital ist es gleichgültig, ob sie sich beym Kaufmanne *A*, oder beym Kaufmanne *B*. befinden; der diesen Waaren entsprechende Gegenwerth existirt nicht bey der commerciellen, sondern in dem bey andern Klassen vorhandenen Gelde, oder ihnen an die commercielle zustehende Forderungen.

Die Wechsel gehen zwar von Einem an den Andern über; aber sie circuliren nicht, wie das Geld; ihre Existenz ist ephemerisch, da hingegen die des Geldes ewig ist, oder es doch seyn kann; sie gelangen auch nach noch so vielen Uebergängen an Personen, von denen sie nicht wieder an andere übergehen. -- Der Wechsel wird auf eine bestimmte Verfallzeit ausgestellt; nun berechnet der ursprüngliche Wechselgläubiger dem Wechselschuldner die Interessen vom Tage der entstandenen Forderung bis zum Tage an dem der Wechsel verfallen ist, und die ursprüngliche Forderung, mit den hinzugefügten Interessen ist die Summe, auf die der Wechsel lautet. Keiner, an den der Wechsel in der Zwischenzeit übergeht, bezahlt die ganze in ihm ausgedrüekte Summe, sondern zieht von ihr nach Verhältnis der Zeit, die noch bis zum Verfall-Tage verstreicht, einen größern oder kleinern Betrag ab. Dieser Umstand zeigt unwiderleglich, daß der Wechsel kein Geld, sondern nur der Ausdruck eines Privat-Credits sey; denn wo mit öffentlichem Credit als *solchem*, also mit *Gelde* gezahlt wird, hört jede Zinsberechnung und Zinsforderung auf. --

Wie schwankend und unbestimmt die Ansichten auch der berühmtesten Schriftsteller vom Gelde seyen, geht unter andern aus folgender Aeußernng Arthur Young´s hervor; er sagt, die 2200 Millionen Livres, die nach Necker´s Angabe in Frankreich an Gold und Silber vorhanden seyn sollen, stehen mit dem Wohlstande der Franzosen eben so wenig in Verbindung, als mit jenem der Huronen. -- In dieser Behauptung liegt etwas sehr wahres, und zugleich auch sehr falsches; daß im Jahre 1789 in Frankreich 2200 Millionen Livres circulirendes Geld bey den damaligen Preisen der Lebensmittel vorhanden waren, hatte auf den Wohlstand und den Reichtum dieses Landes einen entscheidenden Einfluß; je mehr Geld bey unverändertem Preise der Werth-Einheit vorhanden gewesen wäre, desto wohlhabender und reicher wären die Franzosen gewesen; daß aber diese Summe in edeln Metallen bestanden habe, stand mit dem damaligen öconomischen Zustande Frankreichs nicht in der mindesten Verbindung; es wäre zu wünschen gewesen, Frankreich hätte bey einem geringern Quantum edler Metalle und unverändertem Preise der Lebensmittel eine größere Summe circulirenden Geldes besessen; *wahrscheinlich wäre dann keine französische Revolution ausgebrochen.*

(7.) Das Papiergeld wird häufig als eine Landplage, und sein Fallen als ein großes Unglück angesehen. – Es wäre daher wohl der Mühe werth, einmal wissenschaftlich zu untersuchen, ob und was für einen Nutzen auf der einen Seite die Emission des Papiergeldes bringe, und worin auf der andern Seite der Nachtheil bestehe, der durch sein Fallen einer Nation im Ganzen zugefügt wird. Adam Smith hat im zweyten Capital des zweyten Buches einen Vortheil angezeigt, der durch Privat-Bankzettel erreicht wird; aber er ist nicht der wesentliche und hauptsächlichste Vortheil, den eine Regierung durch gemäßigte und gut geleitete Emissionen von Staats-Banknoten sich und dem Volke verschafft. Obgleich es nicht zu läugnen ist, daß durch unmäßige Emissionen, und die Art, wie man sich gewöhnlich beym Fallen des Papiergeldes benimmt, der eine und andere Stand außerordentlich beschädiget wird; so kann man doch die Frage aufwerfen, ob nicht nach andern Grundsätzen verfahren werden könne, und ob es nich t in der Gewalt einer jeden Regierung stehe, solche Maßregeln zu ergreifen, daß weder das Vermögen noch das Einkommen Einzelner seinem positiven Werthe nach vermindert werde. Sodann verdient noch weiter ernstlich erörtert zu werden, ob in unsern Zeiten ein Staat bey einer gründlichen Verbesserung seines Finanzwesens das Papiergeld entbehren, und ohne dasselbe seine inneren öconomischen Verhältnisse vollkommner ausbilden könne? Ich habe diese Fragen schon vor zwey Jahren in einem im Drucke nicht erschienen Aufsatze über Creditgeld und Deficit, den ich an das Ministerium eines großen Staats einsandte, zu beantworten gesucht, und ich werde, wenn die gegenwärtige Abhandlung einiger Aufmerksamkeit gewürdiget wird, meine Ansichten über diesen Gegenstand dem Publicum vorlegen.

S c h l u ß a n m e r k u n g.

Ich finde es für dienlich, dieser Abhandlung noch drey Tabellen beyzufügen; jede derselben umfaßt eine Circulations-Periode; die erste zeigt den Uebergang der Producte von einer Klasse zur anderen, die zweyte die Vertheilung des transitorischen Capitals, und die dritte den Uebergang des Geldes. Die übergehenden Producte sind mit Buchstaben bezeichnet, zugleich aber auch Zahlen beygefügt, welche die Verhältnisse anzeigen, in welchen bey einem gewissen vorausgesetzten Zustande einer Nation die quantitativen Werthe der übergebenden Producte zu einander stehen; man kann unter den Zahlen Hundertttausende oder Millionen von Werth- oder Geldeinheiten verstehen. In der dritten Tabelle sind die übergebenden Geldsummen bloß in Zahlen angegeben.

Die nach der ersten Tabelle aus den Uebergängen der Producte resultirende Summe ist größer, als das zwischen den vier Klassen circulirende Capital, und der Unterschied, um den sie größer ist, ist der Betrag, der au s den Uebergängen des transitorischen Capitals entstehenden Forderungen; das zwischen den vier Klassen circulirende Capital ist noch einmal so groß, als transitorische.

Die aus den Uebergängen der Producte sich ergebende Summe ..... W, ist nach der Tabelle I. - - - -		.480.
Nach der Tabelle II. beträgt das transitorische Gapital ..... T	- 219.	
somit ist das zwischen den vier Klassen circulirende Vermögen ..... 2 T . - - - -		.438.
Hieraus ergiebt sich als Unterschied der Betrag der aus den Uebergängen des transitorischen Capitals entstandenen, und während der Circulations-Periode auszugleichenden Forderungen ..... U - -		. 42.
Itzt läßt sich auch die circulirende Geldsumme finden, wenn nämlich von dem Geldwerthe des transitorischen Capitals ..... T -		.219.
der Betrag obiger Forderungen ..... U - -		. 42.
abgezogen wird		
Somit ist die circulirende Geldsumme .....S = =		.177.

10

Nach der Tabelle III. ist die aus den Uebergängen des Geldes resultirende Totalsumme - - - -	. 462 .
Um diese Tabelle mit der ersten in Uebereinstimmung zu bringen, muß von dieser Summe vorerst abgezogen werden der Geldbetrag der Abgaben und Grundrente - - -	. 66 .
indem dem Uebergange dieses Geldes keine Producte entsprechen, welche von der politischen Klasse an die Urproducenten gelangen; es bleiben somit - - - -	. 396 .
als die aus den Uebergängen des Geldes, denen zugleich auch Uebergänge von Producten entsprechen, resultirende Summe V	
Ferner gelangt von der technischen Klasse als Bezahlung ihrer Schuld an die commercielle ein Werth in technischen Producten von -	. 42 .
welchem Uebergange von Producten kein entgegen gesetzter Uebergang an Geld entspricht	
Endlich, damit zu Ende der Circulations-Periode die technische Klasse wieder den nämlichen Betrag an die commercielle schuldig sey, müssen noch von der letztern an die erstere an Producten übergehen -	. 42 .
wofür von der technischen Klasse ebenfalls kein Geld an die commercielle übergeht	
Hieraus ergiebt sich die mit der Tabelle I. übereinstimmende Summe von - - - - -	. 480 .

Es wurde angenommen, daß nur die Urproducenten Geldabgaben an die politische Klasse entrichten, und daß der commerciellen Klasse nur an die technische Forgerungen zustehen, die aus Uebergängen des transitorischen Capitals entstanden sind. Nun besteht das circulirende Vermögen einer jeden Klasse aus dem Werthe der Producte die während der Circulationsperiode von dieser Klasse and die anderen übergehen, oder von den andern an sie gelangen, wenn davon der Betrag abgezogen wird, den sie an die andere Klassen schuldig ist.

Der Werth, der von den Urproducenten an die andern Klassen an Producten gelangt, ist - -	. 146 .	
die Urproducenten haben aber an die politische Klasse zu bezahlen - - - -	. 66 .	
somit ist das circulirende Vermögen der Urproducenten - -		. 80 .
Von den technischen Producenten gelangt an die andern Klassen ein Werth an Producten von - -	. 123 .	
diese Klasse ist jedoch an die commercielle schuldig -	. 42 .	
daher ist das circulirende Vermögen der technischen Producenten - - - - -		. 81 .
Von den andern Klassen gelangt an die commercielle an Producten ein Werth von - - - -		. 211 .
welcher Werth auch das circulirende Vermögen der commerciellen Klasse ist.		
Die politische Klasse empfängt von den übrigen an Producten einen Werth von - - - -		. 66 .
welcher Werth auch das circulirende Vermögen der politischen Klasse ist		
Das zwischen allen vier Klassen circulirende Vermögen ist also wie oben ..... 2 T - - - -		. 438 .

Diese Vermögen besteht wirklich nur aus Producten, die zur Consumtion bestimmt sind, und aus der circulirenden Geldsumme; daraus ergiebt sich, daß außer dem transitorischen Capitale und der circulirenden Geldsumme im circulirenden Vermögen an Producten noch ein Werth vorhanden sey, dem dem aus den Uebergängen des transitorischen Capitals entstandenen Forderungen gleich kömmt.-

Ob in den hier aufgestellten Sätzen die nothwendigen und unabänderlichen Verhältnisse der quantitativen Werthe des zwischen den vier Klassen circulirenden Vermögens, des transitorischen Capitals, der aus den Uebergängen dieses Capitals entstandenen Forderungen und der circulirenden Geldsumme wahr seyen, hängt einzig nur davon ab, ob unter diesen vorausgesetzten Verhältnissen eine vollständige Ausgleichung dergestalt statt finde, daß am Ende einer gewissen Periode bey jeder Klasse das nämliche unveränderte circulirende Vermögen wieder in den nämlichen Bestandtheilen vorhanden sey, oder nicht. - Daß diese Ausgleichung bey den in den beygefügten Tabellen angenommenen Zahlverhältnissen wirklich erfolge, könnte durch eine vierte Tabelle dargethan werden, welche die successiven Uebergänge der Producte und des Geldes von einer Klasse zur andern und

*2

den Zustand des circulirenden Vermögens einer jeden Klasse nach jedem Uebergange angiebt; diese Tabelle kann jedoch sehr leicht aus den vorhandenen construirt werden.

Lassen sich keine anderen, als die erwähnten Verhältnisse auffinden, unter deren Voraussetzung die nämliche Ausgleichung erfolgt, so sind auch die in jedem Zustande der Nation unverändert bleibenden Grundverhältnisse der genannten Gegenstände aufgefunden. Eine nähere Entwickelung derselben gehört nicht hieher; ich bemerke jedoch nur daß aus ihnen eine ganz andere Theorie des Preises und seiner Elemente hervorgehe, als die bisherige, und durch sie eine positive Bestimmung des gewöhnlichen Zinsfußes möglich werde, was bis itzt noch kein System zu leisten vermochte.

Man weiß, was für einen großen Werth die Physiokraten auf die öconomische Tabelle des Quesnay legten. Es war wirklich ein großer Gedanke, die naionalöconomischen Grundverhältnisse aufzusuchen, und sie, sofern sie quantitativ bestimmbar sind, in Tabellen darzustellen. Der erste Versuch konnte mißlingen; dennoch bleibt den Physioeraten das Verdienst, zuerst auf den Hauptpunct, auf den in der National-Oeconomie alles ankömmt, aufmerksam gemacht zuerst unabänderliche Grundverhältnisse vorausgesetzt, und ihnen nachgeforscht zu haben; denn nur auf diesem Wege, der aber bald wieder verlassen wurde, kann die National-Oeconomnie auf eine wissenschaftliche, und eben darum unerschütterliche Basis gegründet werden. - Mir ist nicht bekannt, daß man das Fehlerhafte der öconomischen Tabelle insbesondere gezeigt habe, so sehr man auch sonst das physiocratische System in Anspruch nahm. Worin die dieser Abhandlung beygefügten Tabellen von der Tabelle des Quesnay abweichen, zeigt sich sogleich, wenn sie mit einander verglichen werden.

Die öconomische Tabelle ist nach Verhältnissen construirt, die nichts weniger als allgemein und nothwendig sind; sie nimmt an, daß nach diesen Verhältnissen in jedem Zustande einer Nation das von den Urproducenten übergehende Quantum Urproducte zwischen der s. g. sterilen und Eigenthümer-Klasse, und das von der sterilen übergehende Quantum technischer Producte zwischen den Urproducenten und der Eigenthümer-Klasse getheilt werde; es wird willkürlich angenommen, daß die Hälfte des von den Urproducenten während eines Jahres empfangenen Geldes an die sterile, und die andere Hälfte an die Eigenthümer-Klasse, daß von dieser letztern wieder die Hälfte an die Urproducenten, und die andere Hälfte an die sterile Klasse komme, u. s. w.; so dann umfaßt diese Tabelle den Zeitraum eines Jahres, und nicht den einer Circulations-Periode; die commercielle Klasse wird in ihr nicht als eine besondere Klasse aufgeführt, mithin ihr Einfluß auf Production, Consumtion und Circulation übersehen; sie weiß nichts von den aus den Uebergängen von Producten entstehenden Schulden und Forderungen, von ihrer periodischen Abtragung und ihrem Wiederentstehen.

Tabelle I. Uebergang der Producte von einer Klasse zur

Es gelangen	An die Urproducenten	zusammen	An die technischen Producenten
Von den Urproducenten			Lebensmittel ... . A′ = 10 Materialien ... . B′ = 15
den technischen Producenten	technische Producte ..... D′ = 14	14	
den commerciellen Producenten	Urproducte ... . C = 36 technische Producte ..... F′ = 30	66	Lebensmittel ... . E′ = 30 Materialien ... . B′′= 35 technische Producte ..... F′′= 33
Summen		80	

andern während einer Circulations-Periode.

zusammen	An die commerciellen Producenten	zusammen	An die politische Klasse	zusammen	Summen
25	Lebensmittel etc. ..... A'' = 42 Materialien .... B'' = 35 andere Urproducte ..... C = 36	113	Lebensmittel etc. ..... A''' = 8	8	146
	technische Producte ..... D'' =98	98	technische Producte ..... D''' =11	11	123
98			Lebensmittel etc. ..... E'' = 12 technische Producte ..... F''' = 35	47	211
123		211		66	480

Tabelle II. Vertheilung des

Es gelangen	An die Urproducenten	zusammen	An die technischen Producenten	zusammen
Von den Urproducenten			Lebensmittel . . . . A′= 10	10
den technischen Producenten	technische Producte ..... D′ = 14	14		
den commerciellen Producenten	Urproducte . . . . C = 36 technische Producte ..... F′ = 30	66	Lebensmittel . . . . E′= 30 technische Producte ..... F′′= 33	63
Summen		80		73

transitorischen Capitals.

An die commerciellen Producenten	zusammen	An die politische Klasse	zusammen	Summen
		Lebensmittel etc. ..... A''' = 8	8	18
		technische Producte ..... D'''=11	11	25
		Lebensmittel etc. ..... E'' = 12 technische Producte ..... F'''= 35	47	176
			66	219

Tabelle III. Uebergang des Geldes.

Es gelangen	An die Urproducenten.	An die tech. Producenten.	An die commerc. Producenten.	An die politische Klasse.	Summen.
Von					
den Urproducenten	-	14	66	66	146
den technischen Producenten	25	-	56	-	81
den commerciellen Producenten	113	56	-	-	169
der politischen Klasse	8	11	47	-	66
Summen	146	81	169	66	462

Wirtschaftswissenschaftliche Beiträge

Band 1
Christof Aignesberger
Die Innovationsbörse als Instrument zur Risikokapitalversorgung innovativer mittelständischer Unternehmen
1987. 326 Seiten. Brosch. DM 69,-
ISBN 3-7908-0384-7

Band 2
Ulrike Neuerburg
Werbung im Privatfernsehen
- Selektionsmöglichkeiten des privaten Fernsehens im Rahmen der betrieblichen Kommunikationsstrategie
1988. 302 Seiten. Brosch. DM 69,-
ISBN 3-7908-0391-X

Band 3
Joachim Peters
Entwicklungsländerorientierte Internationalisierung von Industrieunternehmen
- Eine theoretische und empirische Analyse des Entscheidungsverhaltens am Beispiel der deutschen elektronischen Industrie -
1988. 165 Seiten. Brosch. DM 49,-
ISBN 3-7908-0397-9

Band 4
Günther Chaloupek
Joachim Lamel und Josef Richter (Hrsg.)
Bevölkerungsrückgang und Wirtschaft
- Szenarien bis 2051 für Österreich -
1988. 478 Seiten. Brosch. DM 98,-
ISBN 3-7908-0400-2

Band 5
Paul J. J. Welfens und
Leszek Balcerowicz (Hrsg.)
Innovationsdynamik im Systemvergleich
- Theorie und Praxis unternehmerischer, gesamtwirtschaftlicher und politischer Neuerung -
1988. 466 Seiten. Brosch. DM 90,-
ISBN 3-7908-0402-9

Band 6
Klaus Fischer
Oligopolistische Marktprozesse
- Einsatz verschiedener Preis-Mengen-Strategien unter Berücksichtigung von Nachfrageträgheit -
1988. 169 Seiten. Brosch. DM 55,-
ISBN 3-7908-0403-7

Band 7
Michael Laker
Das Mehrproduktunternehmen in einer sich ändernden unsicheren Umwelt
1988. 209 Seiten. Brosch. DM 58,-
ISBN 3-7908-0413-4

Band 8
Irmela von Bülow
Systemgrenzen im Management von Institutionen
- Der Beitrag der Weichen Systemmethodik zum Problembearbeiten -
1989. 278 Seiten. Brosch. DM 69,-
ISBN 3-7908-0416-9

Band 9
Heinz Neubauer
Lebenswegorientierte Planung technischer Systeme
1989. 183 Seiten. Brosch. DM 55,-
ISBN 3-7908-0422-3

Band 10
Peter Michael Sälter
Externe Effekte: „Marktversagen" oder Systemmerkmal?
1989. 196 Seiten. Brosch. DM 59,-
ISBN 3-7908-0423-1

Band 11
Peter Ockenfels
Informationsbeschaffung auf homogenen Oligopolmärkten
- Eine spieltheoretische Analyse -
1989. 163 Seiten. Brosch. DM 58,-
ISBN 3-7908-0424-X

Band 12
Olaf Jacob
Aufgabenintegrierte Büroinformationssysteme
- Allgemeines Datenmodell und Probleme der Realisierung -
1989. 177 Seiten. Brosch. DM 55,-
ISBN 3-7908-0430-4

Band 13
Johann Walter
Innovationsorientierte Umweltpolitik bei komplexen Umweltproblemen
1989. 208 Seiten. Brosch. DM 59,-
ISBN 3-7908-0433-9

Band 14
Detlev Bonneval
Kostenoptimale Verfahren in der statistischen Prozeßkontrolle
- Eine praxisorientierte Untersuchung -
1989. 180 Seiten. Brosch. DM 55,-
ISBN 3-7908-0440-1

Band 15
Thomas Rüdel
Kointegration und Fehlerkorrekturmodelle
- Mit einer empirischen Untersuchung zur Geldnachfrage in der Bundesrepublik Deutschland -
1989. 138 Seiten. Brosch. DM 49,-
ISBN 3-7908-0441-X

Band 16
Konrad Rentrup
Heinrich von Storch, das „Handbuch der Nationalwirthschaftslehre“ und die Konzeption der „inneren Güter“
1989. 146 Seiten. Brosch. DM 55,-
ISBN 3-7908-0445-2

Band 17
Manfred A. Schöner
Überbetriebliche Vermögensbeteiligung
1989. 417 Seiten. DM 98,-
ISBN 3-7908-0446-0

Band 18
Paulo Haufs
DV-Controlling
- Konzeption eines operativen Instrumentariums aus Budgets - Verrechnungspreisen - Kennzahlen -
1989. 166 Seiten. DM 55,-
ISBN 3-7908-0447-9

Band 19
Rainer Völker
Innovationsentscheidungen und Marktstruktur
- Der suchtheoretische Ansatz -
1989. 221 Seiten. Brosch. DM 65,-
ISBN 3-7908-0452-5

Band 20
Petra Bollmann
Technischer Fortschritt und wirtschaftlicher Wandel
- Eine Gegenüberstellung neoklassischer und evolutorischer Innovationsforschung -
1989. 184 Seiten. Brosch. DM 59,-
ISBN 3-7908-0453-3

Band 21
Franz Hörmann
Das Automatisierte, Integrierte Rechnungswesen
- Theoretische Konzeption und praktische Realisation mit einem Programmpaket geschrieben in der Programmiersprache C -
1989. 408 Seiten. Brosch. DM 89,-
ISBN 3-7908-0454-1

Band 22
Winfried Böing
Interne Budgetierung im Krankenhaus
- Beziehungen zur externen Budgetierung, Gestaltungsformen, Voraussetzungen und Steuerungsmöglichkeiten -
1990. 274 Seiten. Brosch. DM 69,-
ISBN 3-7908-0456-8

Band 23
Gholamreza Nakhaeizadeh und Karl-Heinz Vollmer (Hrsg.)
Neuere Entwicklungen in der Angewandten Ökonometrie
- Beiträge zum 1. Karlsruher Ökonometrie-Workshop -
1990. 248 Seiten. Brosch. DM 68,-
ISBN 3-7908-0457-6

Band 24
Thomas Braun
Hedging mit fixen Termingeschäften und Optionen
- Ein Vergleich auf der Grundlage eines operationalisierten Risikomanagementkonzeptes -
1990. 167 Seiten. Brosch. DM 55,-
ISBN 3-7908-0459-2

Band 25
Georg Inderst, Peter Mooslechner und Brigitte Unger (Hrsg.)
Das System einer Sparförderung in Österreich
- Versuch einer Effizienzanalyse aus finanzwissenschaftlicher Sicht -
1990. 126 Seiten. Brosch. DM 55,-
ISBN 3-7908-0461-4

Band 26
Thomas Apolte und Martin Kessler (Hrsg.)
Regulierung und Deregulierung im Systemvergleich
1990. 313 Seiten. Brosch. DM 79,-
ISBN 3-7908-0462-2

Band 27
Joachim Lamel/Michael Mesch/Jiři Skolka (Hrsg.)
Österreichs Außenhandel mit Dienstleistungen
1990. 335 Seiten. Brosch. DM 79,-
ISBN 3-7908-0467-3

Band 28
Ingo Heinz und Renate Klaaßen-Mielke
Krankheitskosten durch Luftverschmutzung
1990. 147 Seiten. Brosch. DM 55,-
ISBN 3-7908-0471-1

Band 29
Brigitte Kalkofen
Gleichgewichtsauswahl in strategischen Spielen
- Theorie und Anwendungen -
1990. 214 Seiten. Brosch. DM 65,-
ISBN 3-7908-0473-8

Band 30
Klaus G. Grunert
Kognitive Strukturen in der Konsumforschung
- Entwicklung und Erprobung eines Verfahrens zur offenen Erhebung assoziativer Netzwerke -
1990. 290 Seiten. Brosch. DM 75,-
ISBN 3-7908-0480-0

Band 31
Stefan Felder
Eine neo-österreichische Theorie des Vermögens
1990. 118 Seiten. Brosch. DM 49,-
ISBN 3-7908-0484-3

GPSR Compliance

The European Union's (EU) General Product Safety Regulation (GPSR) is a set of rules that requires consumer products to be safe and our obligations to ensure this.

If you have any concerns about our products, you can contact us on ProductSafety@springernature.com

In case Publisher is established outside the EU, the EU authorized representative is:

Springer Nature Customer Service Center GmbH
Europaplatz 3
69115 Heidelberg, Germany

Batch number: 10816188

Printed by Printforce, the Netherlands